P9-DTG-755

JUAN VILLORO

8.8: EL MIEDO EN EL ESPEJO
UNA CRÓNICA DEL TERREMOTO EN CHILE

CRÓNICA

Derechos reservados
© 2010 Juan Villoro
© 2010 Editorial Almadía S.C.
     Avenida Monterrey 153,
     Colonia Roma Norte,
     México, D.F.,
     C.P. 06700.
     RFC: AED140909BPA

www.almadia.com.mx
www.facebook.com/editorialalmadía
@Almadía_Edit

Primera edición: agosto de 2010
Primera reimpresión: noviembre de 2015
ISBN: 978-607-411-052-4

En colaboración con el Fondo Ventura A.C.
y Proveedora Escolar S. de R.L. Para mayor información:
www.fondoventura.com y www.proveedora-escolar.com.mx

Impreso y hecho en México.

JUAN
VILLORO
8.8: EL MIEDO EN EL ESPEJO
UNA CRÓNICA DEL TERREMOTO EN CHILE

Almadía

*En Chile: a Andrés Braithwaite, Kristina Cordero,
Rafael Gumucio, Nora Preperski y Antonio Skármeta*

*En México: a Elisa Bonilla, Daniel Goldin,
Francisco Hinojosa y Laura Lecuona*

TRES VECES NERUDA

Anoche
vino
ella,
rabiosa,
azul, color de noche.
roja, color de vino,
la tempestad
trajo
su cabellera de agua,
ojos de frío fuego,
anoche quiso
dormir sobre la tierra.
                    "Oda a la tormenta"

El hombre
separará la luz de las tinieblas
y así
como venció su orgullo vano
e implantó su sistema
para que se elevara el edificio,
seguirá construyendo
la rosa colectiva,
reunirá en la tierra
el material huraño de la dicha
y con razón y acero irá creciendo
el edificio de todos los hombres.
                    "Oda al edificio"

Poros, vetas, círculos de dulzura
peso, temperatura silenciosa,
flechas pegadas a tu alma caída,
seres dormidos en tu boca espesa,
polvo de dulce pulpa consumida,
ceniza llena de apagadas almas,
venid a mí, a mi sueño sin medida,
caed en mi alcoba en que la noche cae
y cae sin cesar como agua rota,
y a vuestra vida, a vuestra muerte asidme,
y a vuestros materiales sometidos,
a vuestras palomas neutrales
y hagamos fuego, y silencio, y sonido,
y ardamos, y callemos, y campanas.

"Entrada a la madera"

PRÓLOGO

Un modo de dormir

Mi padre siempre ha dormido en piyama. Lo recuerdo en las noches de mi infancia con una prenda azul clara, de ribetes azul oscuro, y así lo veo cuando lo visito a sus ochenta y siete años en sus ocasionales cuartos de enfermo.

En la adolescencia adquirí una costumbre que no pasó por la reflexión ni por sólidas argumentaciones, pero que –como todo en aquel tiempo– tuvo un peso simbólico: dormir sin piyama. Para alguien formado en la era del rock y la psicodelia, que soñaba con el lado oscuro de la luna, la ropa de noche significaba un resabio demasiado infantil o demasiado formal.

La piyama estaba bien para los personajes de *Peter Pan*, que se servían de polvos de hada para volar de noche rumbo al País de Nunca Jamás. Tomar esa ruta significaba asumir un credo: "No crecerás".

La infancia perpetua no me interesaba por entonces. Años después buscaría recuperarla parcialmente a través de la literatura infantil y las crónicas de futbol.

Pero la piyama también podía representar lo contrario a la pueril inocencia: una ropa para el deterioro, la vejez, las costumbres de quien tiene demasiadas pastillas en su mesa de noche.

Dormir en camiseta y calzoncillos significaba evadir la infancia y posponer la tercera edad. Nunca verbalicé esta ética de *budoir*, pero la asumí como una inflexible superstición cultural.

A lo largo de los años, la vida no me deparó contacto con gente en piyama. Del mismo modo en que de pronto descubres que todos tus amigos responden a sólo tres o cuatro signos del zodiaco, las personas que me tocó en suerte ver dormidas no usaban uniforme para soñar; se acostaban con las ropas descuidadas y escasas de quien se encuentra mal vestido para cualquier otra actividad y eso le parece comodísimo.

Hay casos más radicales. Michel Tournier confiesa que en sus sueños siempre aparece desnudo. Esto se debe a que se mete en la cama sin ropa alguna; dormir significa para él un nacimiento al revés: un desnacer. Llevar algo puesto, así sea una breve prenda interior, le parece un despropósito, una intromisión en el acto primordial de volver al origen.

Para gente como yo, que padece escalofríos y cree que los calcetines de lana protegen el alma, la postura de Tournier no es llevadera.

Hay dos clases de durmientes extremos: los que usan ropa específica y los que no usan ninguna. En medio queda el resto, que durante años supuse una abrumadora mayoría.

A veces, al recorrer el pasillo de un almacén, me sorprendía que aún se vendieran piyamas, camisolas y blusones vagamente nocturnos. Suponía que eran comprados por nostálgicos, o por gente como mi padre, que sólo se enferma y cae en cama si su piyama está lista.

Los cuentos infantiles ponen en contacto con la delgada frontera entre la realidad y la fantasía. Muchos de ellos dependen de artilugios y recursos nocturnos, como el sueño, la hipnosis, la confusión de las sombras que tanto conviene a los fantasmas, las doce campanadas, los deseos que sólo se cumplen a medianoche.

Nunca había participado en un encuentro de literatura para niños. El Congreso Iberoamericano de Literatura Infantil y Juvenil, organizado por la editorial SM, me depararía esa primera ocasión en Chile. Hablaríamos de espadas que obedecen exclusivamente a su dueño, libros hechizados, mujeres que pierden la sombra, espejos que nada reflejan, bosques donde los caprichos se convierten en plantas, doncellas imposibles y la peor señora del mundo.

Otro aliciente para el viaje era que iría con un amigo de toda la vida, Francisco Hinojosa, que cumple años el mismo día que Montaigne (28 de febrero) y apagaría cincuenta y seis velas en Santiago.

Dejé la casa de mis padres a los veintidós años para compartir un extraño espacio con Pancho. Alquilamos una casa no mayor que la de Hänsel y Graetel en avenida del Convento 136 bis.

El número 136 correspondía a nuestros caseros y el bis a lo que antes había sido su cochera. En ese mínimo terreno, construyeron una vivienda donde no cupo un pasillo. Para ir al baño, yo debía pasar por el cuarto de Pancho, y para entrar a su cuarto, él debía pasar por el mío.

Ninguno de los dos escribíamos entonces cuentos infantiles. Pancho Hinojosa era un poeta que admiraba a Paul Valéry y Saint-John Perse, y un ensayista que preparaba una tesis sobre Adolfo Bioy Casares. Yo era estudiante de sociología, letrista del grupo de rock Los Renol y aspirante a cuentista. No usábamos piyama. Esa prenda había quedado, como la pomada de árnica, en los años de infancia.

En esa casa vivimos el terremoto de 1979, que derrumbó la Universidad Iberoamericana, a un par de kilómetros de distancia.

Al siguiente año volvió a temblar. El sismo marcó mi debut como autor editado. El 24 de octubre de 1980, Joaquín Díez-Canedo, director editorial de la mítica Joaquín Mortiz, habló para decirme con ironía:

—A consecuencia del temblor, salió su libro.

Durante cuatro años había esperado la publicación de *La noche navegable*. El terremoto precipitó el parto. Diecisiete años después publiqué *Materia dispuesta*, novela que narra una vida marcada por la inseguridad de la tierra. El protagonista es un "hijo del sismo": nace durante el temblor de 1957, que derrumbó el Ángel de la Independencia en Paseo de la Reforma, y recorre los veintiocho años que lo separan de su "retorno solar" (la misma alineación astrológica que en su fecha de nacimiento). El desenlace ocurre en 1985, durante el temblor que destruyó la ciudad de México. Me parecía sugerente que en una antinovela de aprendizaje, también la tierra se mostrara insegura y revelara que no tiene certezas qué comunicar.

Uno de los capítulos de *Materia dispuesta* lleva el título de "El Bello Durmiente" y trata de un concurso que en verdad sucedió. Un hombre fue seleccionado para dormir durante un mes en el escaparate de una mueblería. Al final del cotejo, tenía la mirada neutra del *zombie*. El morbo con que era visto en televisión y por los curiosos que a todas horas lo asediaban en la calle parecía vaciarlo por dentro. Aquel hombre usaba piyama. Era un concursante oficial y la prenda tenía interés público: formalizaba su condición de durmiente.

Sólo ahora advierto mi sostenido interés por los temblores y su relación con los misterios de nocturnidad. En el prólogo a mi libro *Tiempo transcurrido*, que recoge crónicas imaginarias que van del movimiento estudiantil del 68 al terremoto del 85, escribí: "Desconfío de los que en momentos de peligro tienen más opiniones que miedo". Es fácil recelar de quienes hacen teorías exprés ante los escombros. ¿Hasta dónde es posible reconstruir la experiencia del espanto sin distorsionarla con argumentaciones ajenas a lo que se vivió como caos y marasmo? En aquel libro, el temblor fue el marco externo para la cuenta de los años, el límite que encuadra los acontecimientos pero no se describe.

Antes de 1985, los temblores no sólo no me daban miedo sino que incluso me gustaban. El más lejano que recuerdo se asocia con la figura de mi padre. Era de noche y la casa comenzó a moverse. No pensé en la tierra ni en la patria sino en la versión doméstica de ambas: creí que mi padre caminaba por el pasillo y cimbraba la construcción con sus pasos. La imagen de un gigante en piyama me resultaba protectora. En 1985 la relación con los sismos cambió para siempre. Desde entonces, todos los objetos son sismógrafos accidentales. Cuando algo se agita de repente, puede medir dos tipos de ansiedad: la telúrica y la espiritual. Si el agua se mueve en un vaso, me pregunto si la causa es la Tierra o sólo soy yo.

Esta inquietud tenía una cita futura en Santiago. El viaje se presentaba como una estancia tranquila en el país más estable de América Latina. Curiosamente, como escribió el escritor chileno Rafael Gumucio, viviríamos ahí "una semana de fiebre en que pasaron demasiadas cosas en un país en que, en general, nunca pasa nada". Después del sismo, los mexicanos y los chilenos teníamos expectativas opuestas. Al descender de nuestro edificio, nosotros esperábamos encontrar una ciudad devastada. Un mes más tarde, un sismo de 7.3 dejaría veinticinco mil damnificados en Mexicali. No es difícil destruir lo que se construye en México. En cambio, los habitantes de Santiago, que han lidiado con cataclismos poderosos, no pensaban que el susto tendría graves consecuencias: "Aunque parezca absurdo", escribe Rafael Gumucio, "los chilenos esperábamos con total candidez sobrevivir a un terremoto de 8.8 grados en la escala de Richter casi sin víctimas ni destrucción".

En esta confusión de expectativas, los mexicanos éramos como ex combatientes de Vietnam que llegan a una guerra atómica sin saber que ahí los refugios antinucleares son magníficos. La experiencia previa y el desconocimiento de la resistente arquitectura chilena aumentaron el espanto.

La literatura infantil fue el pretexto para ir a Chile. Ignoraba que la experiencia decisiva sería el sismo y la cofradía que de ahí surgió, con los enigmas que se comparten en piyama o en sus prendas sustitutas.

—¿Vas a escribir del terremoto? —me preguntó un colega periodista apenas aterricé en el aeropuerto del D.F.

—Cuando me dejen de temblar las manos —contesté.

Pasaron días antes de que eso fuera posible. En Santiago había tomado algunos apuntes, ajenos a todo sentido de la concentración. Al igual que los demás amigos que pasaron por el sismo, me costaba trabajo leer o escribir, pero no podía hablar de otra cosa.

"¡Cómo cambia la conversación!", me dijo una noche Antonio Skármeta mientras repasábamos lo sucedido: "Hace unos meses en Chile sólo se hablaba de las elecciones. Hubo pleitos y discusiones de todo tipo. Ahora esos temas parecen lejanísimos. El terremoto sólo permite hablar del terremoto."

Las réplicas más fuertes de un sismo son psicológicas. Hay distintas formas de manifestar el estrés y la mía consiste en suprimirlo y luego pasar por toda clase de anormalidades menores que delatan que el pánico no puede borrarse sin salir del cuerpo.

Los psicoanalistas aconsejan estar en contacto con tus emociones y reconocer tu soledad. Sin embargo, debemos agradecer que el encargado de los botes salvavidas del *Titanic* no haya pensado demasiado en su vida interior. Las emergencias exigen una exterioridad que a la distancia llamamos entereza o sangre fría o heroísmo o depresión terminal o aplanamiento afectivo o incapacidad de sentir. Sea como fuere, con el paso de los días, las sensaciones regresan al cuerpo que las repudió.

Mi amigo Alejandro Bejarano, condiscípulo de la preparatoria, fue "hombre topo" en las jornadas de rescate posteriores al terremoto de 1985. Yo me uní a una brigada con los montañistas de la UNAM (mientras ellos escalaban con sogas, yo limpiaba estropicios en la planta baja). Un día compartí experiencias con Alejandro, o más bien escuché las suyas, que eran más impresionantes. Me dijo que escribía su nombre en diversas partes de su cuerpo, por si lo único que encontraban de él era una mano o un pie. En el desorden de esos días, los "hombres topo" se arriesgaban a desaparecer en trozos.

Lo que el miedo destruye no se recupera en forma integral. Ésta es una crónica en fragmentos. Quise ser fiel a la manera en que percibimos el drama: la población flotante de un hotel reunida en un naufragio. No es un reportaje de un país que se quebró en su zona sur ni de una capital que resistió en forma admirable. Es la reconstrucción en partes de un microcosmos: vidas de paso que estuvieron a punto de extinguirse.

De vez en cuando otras voces aparecen como faros en una orilla lejana. Son los amigos y conocidos de Santiago, los generosos sedentarios que orbitaban el hotel y trataban de subsanar la carencia de los nómadas (pasar por una crisis sin el respaldo emocional que sólo brinda lo que es permanente o duradero).

En el episodio "Ella duerme" narro la historia real de una pareja chilena. ¿Qué testimonio puede rendir alguien en estado coma? En su mudo aislamiento, ese caso me parece elocuente de lo que se percibe en la frontera entre la vida y la muerte. Los indescifrables siete minutos del sismo fueron eso. En opinión de Giorgio Agamben, sólo quien conoce el horror hasta sus últimas consecuencias califica como "testigo integral". Llegar a esa zona es imposible. El cometido de la crónica, por tanto, consiste en acercarse lo más posible a lo que no puede ser dicho. No quise prescindir de un testimonio que combina la relación de los hechos con un plano conjetural, el fluir de una conciencia a la que no hay modo de acceder.

La literatura suele prefigurar enfermedades que no han sido diagnosticadas y cataclismos que no han sucedido, o no lo han hecho de ese modo. En 1807, Heinrich von Kleist escribió un relato lleno de significados: *El terremoto en Chile*. Después de lo que vivimos en Santiago, me pareció imperioso regresar a esa reflexión sobre la moral y el destino. El viaje a Chile, que surgió de un impulso literario, encontró su última escala en el relato de Kleist.

Como el rescatista que escribe su nombre en varias partes del cuerpo para ser reconocido en trozos, este libro repite una misma cifra. Los números gemelos tienen el don de volverse irregulares: 8.8, el miedo se asoma en el espejo.

EL PAÍS DE LAS PRIMERAS OCASIONES

El 21 de febrero de 2010 participé en la primera sesión de "Un día, en algún lugar", jornadas literarias entre México y Chile que se celebraban en el Palacio de Minería de la ciudad de México. Como suele ocurrir, el tiempo se agotó antes de que terminara nuestra mesa redonda. Yo era el último en participar y nos habían pedido que antes de leer el texto habláramos de nuestra relación con Chile.

A toda velocidad mencioné los descubrimientos esenciales que me ha deparado el país donde los locos se comen con mayonesa.

Tiempo después, Andrés Braithwaite, editor chileno con ojo de lince, me iba a comentar: "¿Te diste cuenta de que se trata de un decálogo?"

No lo sabía. Esos diez puntos fueron ordenados por la vida y la premura para exponerlos.

En febrero de 2010, el azar volvió a intervenir en mi relación con Chile: el domingo 21 compartí mesa con colegas chilenos en mi país; el lunes 22 era el cumpleaños de mi hija, oportunidad de recordar que pasan cosas importantes cuando el sol está en Piscis; y el martes 23 saldría rumbo a Santiago.

"En martes no te cases ni te embarques", dice mi madre. A lo largo de cincuenta y tres años le he escuchado tantas y tan variadas admoniciones que suelo olvidar su tendencia a tener razón.

El domingo amaneció con cara limpia. Un cielo azul lapislázuli se alzaba sobre el centro de la ciudad, despejado de tráfico. Había algo de espejismo en el paisaje, como si las calles se fingieran transitables.

Escuché a los compañeros de mesa mientras el reloj guillotinaba los minutos. Recordé que en *Alicia en el país de las maravillas* el tiempo se detiene porque está ofendido. Ese domingo los minutos se sentían cómodos y no se detenían.

Me tocó el tiempo de compensación que el árbitro suele conceder en los partidos de futbol para

recuperar momentos perdidos. "El hombre aco-
rralado se vuelve elocuente", ha escrito George
Steiner. De no haber sentido esa presión, no habría dado con un decálogo accidental:

- El primer Mundial del que tuve noticia fue el
  de 1962. Lo oí por radio y aún recuerdo el trá-
  gico gol de último minuto del español Peiró
  que nos impidió pasar a la siguiente ronda. A
  los seis años yo oía la radio con los ojos cerrados como un acto de fe para que el portero
  Carvajal atajara los disparos enemigos. No ol-
  vidé la ilusión ni la tristeza que llegaron desde
  el estadio Sausalito de Viña del Mar. Tampoco el lema del Mundial, que debería ser el de
  América latina en tiempos de Bicentenario:
  "Porque nada tenemos, lo queremos todo".

- El primer gran jugador extranjero que vi en
  México fue el chileno Carlos Reynoso. Hasta
  la fecha sigue siendo el mejor fichaje del futbol mexicano. El único pecado del inmejora-
  ble Reynoso consistió en practicar la hechi-
  cería en beneficio del América, antihéroe de
  nuestra liga.

- El primer acontecimiento político que me sacudió en forma directa fue el golpe de Estado en Chile (el 68 había sido importante en mi familia, pero viví los hechos a través de mi padre, que participaba en la Coalición de Maestros del movimiento estudiantil).

- La primera manifestación a la que asistí, con mis compañeros de la preparatoria, fue en apoyo a la Unidad Popular. Marchamos por Paseo de la Reforma hasta el Hemiciclo a Juárez, donde el poeta Hugo Gutiérrez Vega habló de los espadones de la solidaridad.

- El primer villano histórico de mi vida fue el general Pinochet. Cada generación dispone de una figura que encarna el mal absoluto (la de mis padres fue Franco).

- El primer amor de mi vida fueron las chilenas que llegaron a mi colegio, el Madrid, fundado por republicanos españoles. Venían a asilarse, pero también a rescatarnos. Al menos eso pensé yo, pero cometí el error de enamorarme de cinco chilenas al mismo tiempo y ninguna me hizo caso.

- Mi primera influencia literaria en *close-up*, tan cercana que podía confundirse con el plagio, fue Antonio Skármeta. Mi maestro de taller literario, Miguel Donoso Pareja, advirtió que mis pasiones iban de Julio Cortázar a la cultura pop: "En medio de eso está Skármeta", comentó. El poeta Mario Santiago, que asistía al taller como ruidoso crítico de la prosa y había leído todos los libros, aprobó la sugerencia. Al siguiente miércoles, Donoso Pareja llevó *Desnudo en el tejado*, editado en Cuba por Casa de las Américas, y leyó "El ciclista del San Cristóbal". El efecto fue definitivo: quise pedalear a las estrellas.

Cuando conocí a Roberto Bolaño, también él estaba bajo el influjo de Skármeta. "A las arenas" es el germen de *Los detectives salvajes:* un chileno y un mexicano viajan *on the road* a Nueva York. Son pobrísimos y tienen que vender su sangre para poder pagar las entradas a un concierto de jazz. ¡La vida a cambio del arte! Cuando conocí a Roberto, en 1976, me dijo que esa trama le recordaba a los grandes novelistas rusos y que algún día haría circular a otro mexicano y otro chileno para repetir la transubstanciación: sangre que sería literatura.

- El primer texto que escribí con afán de publicar tenía como destino una revista del Colegio Madrid. Dedicamos un número a Chile y concebí una irracional reseña en tándem sobre dos chilenos que tenían muy poco que ver: Martha Harnecker, divulgadora del materialismo histórico, y Antonio Skármeta, mi guía en el cuento. Por suerte, al editor le robaron el coche con los manuscritos a bordo. Esto ocurrió antes de que yo supiera que existían las fotocopias y las copias al carbón. Mi primera colaboración editorial tuvo el venturoso destino del olvido.

- El primer amigo que hice al llegar a vivir a Berlín Oriental, en 1981, fue el escritor chileno Carlos Cerda. La comunidad de intereses culturales y sentimentales que compartíamos me reveló una obviedad que hasta entonces ignoraba: los latinoamericanos existen.

- El primer viaje que hice con Margarita, mi esposa, tuvo como destino el hielo. En la Navidad de 1994 zarpamos rumbo a los glaciares chilenos a bordo del *Scorpios*, barco de madera al que botaron al mar porque no cupo en una juguetería. Quien ama en tierra caliente sabe que el hielo puede ser "el gran invento de nuestro tiempo". En la isla de Castro nos enteramos del "error de diciembre": el peso mexicano se había devaluado y parecía a punto de esfumarse. De pronto, éramos más pobres. Pero estábamos en Chile. Pedimos locos y otros mariscos con el apetito de los náufragos que se la pasan bien en el fin del mundo.

El 23 de febrero de 2010 despegué rumbo al país de las primeras ocasiones.

"AQUÍ HAY TEMBLORES, ¿NO?"

PREMONICIONES

Laura Hernández vio la luna y no le gustó para nada. Tenía un tono amarillento y le faltaba un pequeño trozo para estar llena. "Una luna mocha", pensó.

Para otra persona, ésa podía ser una observación cualquiera, pero Laura ha tenido que acostumbrarse al extraño poder de predecir lo que va a suceder.

Vivir con un don alarmista resulta demandante. De niña, Laura padeció por su clarividencia, y no ha sido fácil que sus familiares y amigos se habitúen a las dramáticas noticias que comunica de golpe.

En una ocasión, vio que un polvillo descendía del techo y le gritó a su marido que salieran del cuarto. Segundos después, el plafón se desplomó sobre la cama.

Una noche abrió los ojos y vio a un ex novio al lado de la cama. "¿Qué haces aquí?", preguntó al intruso. La imagen desapareció. Al día siguiente supo que él había muerto.

Las intensas relaciones magnéticas que Laura Hernández tiene con los demás pueden ser inquietantes. La gente que la conoce en verdad, no duda de sus vaticinios. En una ocasión, le aconsejó a su hermana que viajara a Mérida de inmediato para ver a su esposo, que había ido ahí a hacerse unos análisis médicos. La hermana no dudó en obedecerla: llegó justo a tiempo para oír las últimas palabras de su marido.

En la madrugada del 27 de febrero, Laura no se preparó para dormir. Había visto la luna. Amarilla. Hinchada. Rodeada de un halo vaporoso. Una luna casi completa, que se definía por el trozo que le faltaba.

Lo complejo de recibir mensajes paranormales es que llegan sin ser descifrados. Acostumbrada a las alusiones sutiles de la literatura, Laura advierte claves y sobreentendidos en los libros que lee con aguda atención. Las señales de alarma son otra cosa: sabe que algo importante o dramático va a suceder, pero no conoce las circunstancias ni puede anticipar todos los efectos de lo que percibe. Un cosquilleo que incomoda sin causa aparente, un medidor que se activa sin disponer de una escala. Como oír un mensaje en un idioma desconocido, donde el acento transmite emociones, pero el significado de las palabras se escapa.

El 26 de febrero Laura empacó su ropa, tarea que debe haberle llevado su tiempo, pues fue la persona más arreglada del Congreso Iberoamericano de Literatura Infantil y Juvenil. Nunca la vimos con las mismas prendas y ni el más obsesivo de nosotros pudo descubrirle una arruga.

Después de empacar, se sentó en la cama, con la postura tensa y elegante que en otro cuerpo podría parecer altiva y en ella es su natural manera de estar cómoda.

Laura Hernández desvió la vista a la ventana, y esperó a que algo sucediera.

Supe que ella tenía facultades paranormales unos días después, cuando ya había pasado el terremoto. Los mexicanos que participamos en el Congreso nos reunimos en el *lobby* del Hotel San Francisco a hacer una lista de pasajeros prioritarios. No sabíamos cuándo podríamos volver, pero nuestras urgencias eran distintas.

Ninguno de nosotros se encontraba en la situación de quienes se habían quedado en Concepción y otras zonas cercanas al epicentro, donde no había luz ni agua corriente, y donde se había impuesto el toque de queda para evitar el caos y el pillaje. Estábamos en un buen hotel. Sin embargo, las paredes cuarteadas y las continuas réplicas nos recordaban que el peligro no había pasado. Muchos sufrieron ataques de pánico y se negaron a volver a sus cuartos. El vestíbulo se convirtió en un campamento donde los sofás y el suelo se repartían con un criterio de supervivencia, similar al de los vagabundos que viven en los parques.

En nuestro grupo, había gente con niños de brazos, personas en tratamiento médico, madres que debían regresar a México a atender a sus hijos. El aeropuerto había sufrido severos daños y los vuelos comerciales estaban suspendidos. En caso de que consiguiéramos algún modo de regresar, debíamos saber quiénes necesitaban salir primero.

Fijamos diez pasajeros prioritarios, y sorteamos los demás puestos.

Cuando metí la mano en la canasta para escoger mi papeleta, Laura Hernández me vio a los ojos y dijo:

—Te va a salir el doce.

—Eso es imposible —dijo alguien—: el doce ya salió.

Tomé el papel y tuve miedo de abrirlo. Bajé la mirada. ¡Era el doce! La persona que escribió las papeletas había repetido dos veces el mismo número.

Me acerqué a Laura, con quien no había hablado hasta ese momento. ¿Cómo sabía que mi número era ése?

—Soy psíquica —respondió con naturalidad.

Le pregunté qué había sentido antes del terremoto.

Entonces me explicó la impresión que le había causado la luna.

—Yo también soy psíquico —me dijo Daniel Goldin.

Hay personas que se despeinan con cuidado para salir a la calle. Daniel no pertenece a esa categoría. El desorden de sus cabellos es ontológico, forma parte de su personalidad tanto como la sonrisa irónica y el brillo de los ojos tras sus espejuelos de joyero.

Daniel es tantas cosas que no me sorprendió que también fuera adivino. En el Fondo de Cultura Económica renovó para siempre el arte de editar libros infantiles. Con los años, ha adquirido el rango excepcional y las manías significativas del gurú. Todo lo que hace es levemente inusual. Cuando imparte conferencias, suele confundir los papeles sin que eso parezca un error. Al ver que se saltó una hoja, sonríe como un lector del Tarot que encuentra una decisiva carta inusual. Los accidentes y los descuidos se ordenan en torno a su temperamento y adquieren una lógica peculiar, como si todo se hubiese planeado de ese modo.

Al igual que George Steiner, Goldin puede ser definido como un "optimista de la catástrofe". Está convencido de que la realidad empeorará siempre, pero encuentra remedios para hacerla llevadera.

Supe que era psíquico el 26 de febrero por la mañana. Nos dirigíamos a la casa de Pablo Neruda en el barrio de Bellavista. Él iba unos centímetros detrás de mí; hablaba de libros y proyectos a mediano y largo plazo, cuando dejé de oír su voz. Me volví: Daniel estaba en la acera. Su pie derecho se había hundido en un agujero. La caída fue aparatosa. Hace años sufrió un gravísimo accidente de automóvil y ha tenido que someterse a numerosas operaciones en la pierna. Temí que se hubiera fracturado el tobillo.

Sin embargo, Daniel se incorporó de buen ánimo y, sin perder un segundo, distinguió a una chica guapa al otro lado de la calle. La vida seguía como siempre. Al revisar el hueco que había "pisado", sonrió con la risa diagonal de los que se divierten con las cosas raras. Aquello parecía una trampa para peatones. Sin solución de continuidad, el adivino dijo:

—Aquí hay temblores, ¿no?

Días después atestigüé el encuentro de los dos psíquicos. Estábamos en el mercado de artesanías. Laura Hernández y yo perdimos de vista al resto del grupo. Recorrimos los pasillos, pensando que nos toparíamos con ellos, pero no fue así.

—Me voy a concentrar en Daniel —dijo Laura—, él tiene algo especial.

En ese momento el editor apareció al fondo del pasillo. El sol brillaba en sus pelos rojizos, con el desorden del fuego.

También la escritora guatemalteca Gloria Hernández se fijó en la luna el viernes 26, pero su reacción fue distinta. Una amiga le dijo en tono de confidencia:

—Mira, no sé qué dices tú, pero algo no está bien, la luna está llena pero salió roja…

La narradora reflexionó después por escrito: "Nos despedimos y no pude resistirme a subir al piso diecisiete, el último del hotel. Una serena ciudad de Santiago brillaba por las cuatro esquinas, la piscina invitaba a relajarse con un agua templada, perfecta y sí, la luna tenía un intenso tono amarillo naranja que yo atribuí a la contaminación. Aun así, era una luna hermosa que se posaba sobre el cerro Santa Lucía".

Fabián Skármeta supo que en la noche del 26 al 27 no iba a poder dormir. No era la primera ocasión en que sentía una inquietud parecida. Sus emociones se conectan sin trabas con lo que sucede en la tierra. Tal vez heredó esto de sus antepasados que cultivaban viñedos en Croacia y estudiaban la delicada gramática de las plantas.

Esa madrugada estaba en compañía de amigos. Sintió una inquietud y les pidió que salieran al jardín. "Hace un calor extraño", dijo para justificar algo difícil de explicar.

Afuera escuchó el revoloteo de los pájaros. Su padre, el escritor Antonio Skármeta, se ha pasado la vida llenando historias de pájaros. Pero es el hijo quien se comunica con ellos. Fabián supo que algo fuerte se avecinaba. Desvió la vista a la piscina.

El agua manaba hacia fuera.

En la vacaciones de verano previas al terremoto, Francisco Mouat soñó más de lo habitual. Acostumbrado a ilusionarse con los partidos de futbol que comenta con pasión crítica y con libros que aún no se escriben pero imagina con tal fuerza que acaban llegando a sus manos de lector cómplice, Mouat sueña poco por la más sencilla de las razones: no tiene mucho tiempo para dormir.

En cambio, durante las tres semanas que se tomó de descanso, sometió su mente a una cura de sueño en el campo. Poco antes de regresar a Santiago, soñó que acompañaba en un globo aerostático a un desterrado que volvía a su país, sin que supiera de qué nación se trababa. "Ingresábamos al territorio desde el cielo", cuenta, "y en ese globo él traía algo así como una casa completa a cuestas... ya no recuerdo cómo era el territorio al que íbamos llegando, pero del sueño me quedaba la idea del desplazamiento, del viaje, del retorno a las raíces."

No muy lejos de donde Francisco Mouat dormía como rara vez suele hacerlo, soñando en un país sin geografía precisa, la placa tectónica de Nazca se desplazaba un milímetro.

José Ángel Sánchez Ahedo es lo que se conoce como "hombre de una pieza". Una persona sólida y confiable. Si recomienda un vino, es el mejor para ti. Su larga experiencia en el ramo de las bebidas y los abarrotes ha dependido de una cualidad esencial: los clientes le interesan más que los precios.

La entereza de José Ángel no está sujeta a especulaciones. Pocas personas me parecen menos supersticiosas que este detallado conocedor de los alimentos terrestres.

En febrero recorrió el sur de Chile para participar en catas de vinos. Al llegar a Santa Cruz había aprendido algunas novedades, no todas de orden gastronómico. Su gusto por los datos y las soluciones prácticas le hizo aquilatar una información: las bodegas chilenas están preparadas para los temblores.

Al instalarse en su hotel, revisó el panorama. Su cuarto tenía salida a un balcón. Se asomó a la pequeña terraza y vio que daba al techo de un restaurante.

Había algo raro en el ambiente. Era el calor. Un calor que no bajaba del cielo, sino que parecía emanar de los objetos y las piedras, como si la tierra se calcinara por dentro.

José Ángel hizo una reflexión técnica, que hasta entonces nunca había cruzado su mente: "Si tiembla, puedo saltar ahí".

Por lo general, Rosana Faría no lee su horóscopo. Una casualidad (o un impulso que después parecería una aguda intuición), la llevó a buscar la suerte que le correspondía a Libra. "No es buen momento para viajar", opinaba el anónimo lector de los astros. Rosana tuvo una reacción que cualquier astrólogo competente puede asociar con el temperamento de Libra: comenzó a dudar.

La ilustradora tenía planeados dos viajes, uno a Chile para participar en el Congreso de Literatura Infantil y Juvenil, y otro con su hijo adolescente. Obviamente, el segundo le parecía más significativo. ¿Cómo entender el horóscopo? Rosana colocó su destino en un instrumento típico de Libra, la balanza. Sopesó alternativas, es decir, comparó indecisiones.

Le pareció que no tenía caso arriesgarse a que los días de convivencia con su hijo salieran mal. En cambio, el viaje a Chile lucía menos desafiante. Si algo fallaba, se trataría de otro de tantos traslados de trabajo que se pueden olvidar sin problema alguno.

La ilustradora de *El libro negro de los colores* aplazó el viaje con su hijo. Hizo el sinuoso trayecto en carretera al aeropuerto de Maiquetía, en las afueras de Caracas. Cuando el avión despegó rumbo a Santiago, se preguntó si habría aceptado el viaje correcto.

El hámster de Julián se escapó. Sus padres le habían advertido que esas mascotas mueren rápido y trataron de que tuviera un perro.

Pero Julián quería un animal de bolsillo. Ganó la causa con un tesón cercano al capricho. Entonces, sus padres le advirtieron que no sacara al animal de la jaula. De hecho, lo más valioso de esa mascota era el sofisticado espacio donde disponía de una rueda para girar sin sentido, como le gusta hacer a los hámsters, recipientes con agua y comida, una escalera para ejercicios extremos y una cama mullida.

Con la informada sensatez con que trataban de criar a su hijo, los padres insistieron en que la casa del hámster había costado más que el inquilino.

Julio le puso a su mascota Iván, el nombre de un zar y de un goleador millonario chileno que llegó a triunfar en el Real Madrid.

Los hámsters tienen hábitos nocturnos. En la noche del 26 de febrero Julián se durmió arrullado por la rueda que giraba sin parar. En algún momento dejó de oír el sonido. Un extraño silencio imperaba en la casa. Julián no pudo volver a conciliar el sueño. Por primera vez en su vida, Julián estaba despierto por una causa que no era la llegada del Viejito Pascuero. Fue a la jaula de Iván. El hámster no estaba ahí.

¿Cómo pudo salir? Este misterio era interesante, pero a Julián le intrigó otro: Iván se había refugiado en un rincón y movía las patitas como si quisiera cavar un hueco. ¿Adónde iba? ¿Pensaba en huir? ¿Por qué abandonaba su costosa vivienda?

"Este hámster se volvió topo", pensó Julián antes de atrapar a su mascota. Luego, el suelo se movió bajo sus pies.

LO SUCEDIDO

A las 3:34 de la mañana del 27 de febrero de 2010 Chile sufrió un terremoto de magnitud 8.8 en la escala de Richter.

El sismo modificó el eje de rotación de la Tierra y el día se acortó en 1,26 microsegundos.

La ciudad de Concepción se desplazó 3.04 metros hacia el oeste, en dirección al mar. Santiago se desplazó 27.7 centímetros. Los GPS tendrán que ser ajustados para reubicar a estas ciudades movedizas.

El terremoto duró siete minutos en su epicentro y fue percibido como una subjetiva forma de la eternidad en diversos lugares. Esto lo convierte en uno de los más largos de la historia.

El sismo tuvo su epicentro a noventa kilómetros de Concepción. A un terremoto con epicentro marino, le sigue un maremoto. El océano se replegó en el sur de Chile. A pesar de la oscuridad, los lugareños que estaban despiertos y se acercaron a la orilla descubrieron en la arena húmeda rocas que nunca habían visto. Poco después oyeron un rumor desconocido. El mar regresaba. Era totalmente blanco, como si sólo constara de espuma.

Desde la Estación Espacial Internacional el astronauta japonés Soichi Noguchi fotografió el cataclismo y mandó un mensaje: "Rezamos por ustedes".

EL SABOR
DE LA MUERTE

Los mexicanos tenemos un sismógrafo en el alma, al menos los que sobrevivimos al terremoto de 1985 en el Distrito Federal. Si una lámpara se mueve, nos refugiamos en el quicio de una puerta. Esta intuición sirvió de poco el 27 de febrero.

A las 3:34 de la madrugada, una sacudida me despertó en Santiago. Dormía en un séptimo piso; traté de ponerme en pie y caí al suelo. Fue ahí donde en verdad desperté. Hasta ese momento creía que me encontraba en mi casa y quería ir al cuarto de mi hija. Sentí alivio al recordar que ella estaba lejos.

Durante minutos eternos (siete en el epicentro, un lapso incalculable en el tiempo real del caos), el temblor tiró botellas, libros y la televisión. Oí un estallido, hubo chispas. El edificio se cimbró y escuché las grietas que se abrían en las paredes.

Alguien gritó el nombre de su pareja ausente y buscó una mano invisible en los pliegues de la sábana. Otros hablaron a sus casas para contar segundo a segundo lo que estaba pasando. Imaginé el dolor que causaría esa noticia. Luego pensé que mi familia dormía, con felicidad merecida. No debía hablarles, no en ese momento. Me iba del mundo en una cama que no era la mía, pero ellos estaban a salvo. La angustia y la calma me parecieron lo mismo. Algo cayó del techo y sentí en la boca un regusto acre. Era polvo, el sabor de la muerte.

Mientras más duraba el temblor, menos oportunidades tendríamos de salir de ahí. Los muebles se cubrieron de yeso. Una naranja rodó como animada por energía propia.

Después del terremoto de 1985 leí un manual japonés para sobrevivir a los sismos. Entre otras cosas, recomendaba viajar con un kit que incluía silbato, linterna y una libra de arroz. La indicación más importante consistía en buscar el "triángulo de la vida" en una habitación. Había que situarse cerca de objetos pesados, pero no debajo de ellos. Los desplomes producen huecos triangulares en los que es posible refugiarse. Algún informado escéptico me dijo que eso ocurre en casas con estructuras de madera; en las que son de concreto, hay que buscar otros remedios. Lo cierto es que leí ese prontuario como un evangelio. Un cuarto de siglo más tarde, aquella información esencial se había esfumado de mi mente. Reaccioné con la pasmada incertidumbre del que siempre será inculto ante la naturaleza.

El terremoto de México fue de 8.1 pero devastó el Distrito Federal por la irresponsabilidad de los constructores y por las condiciones del subsuelo, cuya persistente memoria recuerda que allí existió un lago.

La fuerza del terremoto de Santiago fue tan potente que me dejó al margen de toda decisión individual. Cualquier asomo de voluntad era una afrenta a la naturaleza.

La luz se fue por unos segundos. Luego volvió, iluminando nuevas grietas. Un plafón se había desprendido de una pared y dejó al descubierto una maraña de cables.

Cuando el movimiento cesó al fin, sobrevino una sensación de irrealidad. Me puse en pie, con la vacilación de un marinero en tierra. No era normal estar vivo. El alma tardaba en regresar al cuerpo.

No quise descorrer la cortina por temor a que la ciudad estuviera destruida o a que se destruyera por el solo hecho de mirarla. La sinrazón era mi único impulso.

Al cabo de unos segundos, los gritos que el edificio había sofocado con sus crujidos se volvieron audibles. Abrí la puerta y vi una nube espesa. Pensé que se trataba de humo y que el edificio se incendiaba. Era polvo. Sentí un ardor en la garganta.

Volví al cuarto, abrí la caja fuerte donde estaban mis documentos, tomé mi computadora y perdí un tiempo precioso atándome los zapatos con doble nudo. Los obsesivos morimos así.

En la escalera se compartían exclamaciones de asombro y espanto. Ya abajo, una conducta tribal nos hizo reunirnos por países (la reacción fue tan fuerte y automática que sólo me percaté de ella horas después, cuando me la hizo notar la escritora colombiana Yolanda Reyes). Los mexicanos repasamos cataclismos anteriores y supusimos que la ciudad estaba devastada:

—Aquí hubo doscientos mil muertos —dijo Daniel Goldin.

La cifra nos pareció lógica.

En la mente de los mexicanos se combinaban el temor atávico a los terremotos y la convicción de que los edificios están mal construidos.

No había luz en la acera de enfrente. La avenida Alameda era un bloque de sombras. Escuchamos ladridos distantes.

En Santiago está de moda desvelarse. Ese viernes mucha gente se encontraba lejos de casa. Los coches de los trasnochadores tocaban el claxon. Había cristales en el suelo. Cristales diminutos, delgadísimos. Las pantallas del alumbrado público se habían venido abajo, pulverizándose en la acera; sin embargo, la fachada de nuestro edificio, también de cristal, permanecía intacta.

En la explanada del Hotel San Francisco se alza la réplica de una estatua de la Isla de Pascua. Es la efigie de un moái, jerarca que durante su mandato habrá visto algún maremoto. Esa noche se convirtió en nuestra figura tutelar. Lo supimos cuando se volvió a ir la luz y dejamos de verlo. Por suerte, el apagón duró poco. El moái resurgió. La piedra donde los ojos parecen hechos por el tiempo regresó de las sombras. No estábamos solos.

Otra señal de tranquilidad vino del reino animal. Un perro se echó a dormir en medio de nosotros. Mientras no despertara, todo estaría bien.

Alguien quiso regresar al edificio por sus "pantalones de la suerte". La superstición era la ciencia del momento. Nuestras ideas, si se les puede llamar así, no seguían un curso común. Daniel Goldin, que llevaba muletas por su caída en el barrio de Bellavista, me propuso recorrer el edificio para ver si había daños estructurales.

—¡Tú estás cojo y yo soy tonto! —exclamé.

De nada servía que buscáramos lo que no podíamos encontrar, como un ciego y un sordo dibujados por Goya.

Poco a poco, la realidad recuperó nitidez. Me sorprendió que tanta gente usara piyama. Vi camisones de algodón, elegantes prendas con monograma, un batón de seda. Mi favorita fue la piyama de Laura Lecuona, responsable de las ediciones infantiles de SM en México. Era una piyama de rayas blancas y azules, ideal para dormir con un peluche. Hay prendas que sirven para que quieras dos veces a la misma persona. Ésa era una de ellas.

La ilustradora Rosana Faría llevaba unas zapatillas dignas de su profesión. La derecha tenía una manzana; la izquierda, varias manzanitas. La familia entera se había salvado.

Un grupo de voluntarios volvimos al hotel por pantuflas. No podíamos revisar la estructura, pero podíamos evitar que se enfriaran los pies.

Los empleados del hotel trajeron bandejas con vasos de agua y tazas té. Sonreían, tratando de reconfortar a los más nerviosos.

—Es como si ellos no hubieran estado en el mismo terremoto que nosotros —comentó Yolanda Reyes.

Un turista alemán rebasó todas las expectativas sobre la capacidad de previsión de la mente teutona: llevaba una linterna en la frente, ajustada por una banda elástica. Se había hospedado con ese instrumento de espeleólogo. Cuando la luz se volvió a ir, la frente del alemán lanzó un haz luminoso rumbo a la nada. En ese momento, más que un explorador parecía un filósofo.

Los celulares aún funcionaban.

—Hay que hablar antes de que se colapsen —dijo Daniel Goldin, atento previsor de catástrofes.

Tenía razón. Sin embargo, imaginé la reacción de mi familia. En México era la 1:30 de la mañana. Si hablaba en ese momento no podrían dormir y pasarían la noche en blanco, viendo horrores en CNN.

La tribu se dividió en los que querían compartir sus emociones en tiempo real para tranquilizar a los suyos y los que deseaban que sus familias durmieran, al margen de la historia. Yo pertenecía con solidez integrista al segundo grupo.

Un español hablaba a su casa y se acercó a preguntarme:

—¿Tú, que eres mexicano, de cuánto crees que fue el sismo?

—De ocho —dije.

—¡Estaríamos muertos, Johannes! —comentó Francisco Hinojosa.

Los mexicanos habíamos entrado en una documentada paranoia; disponíamos de mucha información para imaginar desplomes, pero ignorábamos que la arquitectura chilena es una forma del milagro. Sólo esto explica que en Santiago los daños fueran menores.

El edificio donde sesionaba nuestro Congreso, la antigua Academia de Bellas Artes, transformada en Museo de Arte Contemporáneo, se derrumbó parcialmente (había que agradecer que el terremoto no hubiera coincidido con nuestro horario de trabajo). Otros edificios fueron desalojados y otros más tendrán que ser demolidos (en su mayoría, se trata de inmuebles posteriores a 1990, cuando las leyes de supervisión se hicieron menos estrictas). "Le tenemos terror a los edificios nuevos. Debería ser al revés, ¿no?", comentaría después el cronista Francisco Mouat.

Los terremotos son inspectores de la honestidad arquitectónica. En 1985, el sismo de la ciudad de México demostró que la especulación inmobiliaria y la amañada construcción de edificios públicos eran más dañinas que los grados Richter. "Con usura no hay casa de buena piedra", escribió Ezra Pound.

El destino suele transformar sus caprichos en lecciones morales. Casi nada se destruyó en Santiago. Sin embargo, el único inmueble que sirve para entrar y salir, el aeropuerto, sufrió graves daños. Estábamos varados. Los días por venir serían de encierro y obligada reflexión. Un paréntesis para repasar la tragedia.

El cierre de vuelos contribuyó al *aftershock*. Nuestra vida se detuvo sin que supiéramos cuándo comenzaría nuestra sobrevida. Bienvenidos al limbo o a un episodio de *Lost*.

Al cabo de unos días, el aeropuerto emitió un comunicado: sus operaciones no comenzarían sino hasta el lunes 8 de marzo. El escritor Rafael Gumucio me comentó:

—Eso significa que abrirán por ahí del viernes 5.

Así supe que los chilenos estiran el tiempo al revés que los mexicanos. En Chile los pronósticos se repliegan. En México se adelantan. En un caso similar, el aeropuerto del D.F. hubiera prometi-do abrir el viernes para hacerlo el lunes. Nuestro uso del tiempo es más precipitado y acomodaticio; prometemos adelantarnos para tener derecho al retraso. Tal vez esto explique que nuestra cultura de trabajo sea inferior a la chilena.

Al drama del aeropuerto cerrado, se unió la reacción de LAN. Hay dos corporaciones contra las que el ciudadano común nunca puede hacer nada: los bancos y las aerolíneas.

El grupo mexicano tenía boletos de LAN. Durante horas sin cuenta, nos sometimos al castigo emocional de hablar al *call-center* de la línea aérea. Una voz artificial nos conducía por un laberinto de números y al final informaba que la llamada no había podido ser completada.

Fuimos a la oficina de LAN más próxima al hotel. En forma apropiada, se ubicaba en la calle Huérfanos. Encontramos una cola de cuatro cuadras y preferimos retirarnos.

Finalmente logramos que nos reasignaran lugares: LAN ofreció regresarnos diez días después de la fecha prevista. Con la gentileza de las máquinas, una voz nos informó que no se podría hacer cargo de nuestra estancia.

SM seguía pagando el hotel. Nos urgía regresar para no desangrar a nuestros generosos patrocinadores.

La delegación española salió en un vuelo comercial de Iberia con apoyo de su Embajada; los argentinos lo hicieron por tierra, cruzando Los Andes hacia Mendoza. El aeropuerto militar sí funcionaba. Colombia, Brasil y Perú enviaron aviones especiales para recoger a sus connacionales.

De vuelta en Madrid, José Luis Cortés, organizador del Congreso, envió un mail celebrando que todos hubiéramos salido ilesos del terremoto y lamentando que sólo los mexicanos siguieran en Santiago.

Ante la rápida actuación de otros gobiernos, esperamos ayuda del nuestro, pero como el día se acortó en una milésima de segundo, nuestra burocracia ya no tenía tiempo para nada y no hubo modo de apoyarnos.

El embajador Mario Leal trató de gestionar un vuelo no comercial. Nos pidió que estuviéramos alertas y aguardáramos. "Paciencia, ardiente paciencia", parafraseó alguien.

Un aluvión de llamadas de la prensa se abatió sobre el hotel para conocer la situación de los mexicanos varados ahí. De pronto estábamos hipercomunicados con los medios, pero no salíamos del vestíbulo porque un avión conjetural podía llegar por nosotros de un momento a otro. La situación era digna de *El ángel exterminador*, de Buñuel (cuyo título de trabajo fue *Los náufragos de la calle Providencia*).

En el *lobby* se compartían ansiolíticos e impresiones. Por primera vez sentí en carne propia una etimología inglesa: *lobbying*. En los sofás del vestíbulo, el tiempo era una oportunidad para la conspiración y el cabildeo. La inmovilidad provocaba una vertiginosa especulación sobre las posibles maneras de salir de ahí.

El vuelo especial gestionado por el embajador no despegó de México. Finalmente, el jueves 4 de marzo, cuatro días después de lo previsto, regresamos en un vuelo comercial de Aeroméxico.

Los terremotos representan un *striptease* moral. Lo peor y lo mejor salen a la luz. El escritor chileno Julio Gálvez Barraza vivió la tragedia muy cerca del epicentro. En los textos que no dejó de escribir en medio de las réplicas, con una entereza que ennoblece al oficio, contó de un bombero que perdió a toda su familia y sin embargo siguió trabajando para salvar a quien pudiera. También contó de la fonda donde ha comido muchas veces y a la que entró para ver noticias en la televisión porque su casa seguía sin luz. El dueño, que lo conoce desde hace mucho, le dijo que no podía estar ahí si no consumía nada. Días de gloria y mezquindad.

En la zozobra que siguió al terremoto una red de solidaridad se estableció con los amigos de

Santiago. El mismo 27 de febrero, Antonio Skármeta y Esteban Cabezas se presentaron en el
hotel para cerciorarse de que no nos faltara nada.
Otros colegas mandaron mensajes de texto ofre-
ciendo platillos, mariscos y vinos. Nos sentimos
en una versión revisada del *Titanic*: estábamos a
la deriva, pero la atención era espléndida.

Chilenos que acabábamos de conocer ofrecie-
ron sus casas para quienes temían dormir en las
alturas y una extraña comunidad se estableció
entre quienes se instalaron en el *lobby*. Pensé que
se fraguarían rivalidades de un sofá a otro, como
en una obra de Harold Pinter, pero no hubo mayores tensiones.

En el *lobby* de los encuentros se colocaron si-
llas frente a un televisor. En la madrugada del 27
ese rincón estaba abarrotado. En los siguientes
dos días nos quedamos sin televisión, Internet
y teléfono. Por las tardes, yo caminaba durante horas, sintiendo migajas de vidrio bajo mis
suelas, en busca de un cibercafé donde las computadoras aún funcionaran.

Cuando la señal regresó, muy pocos quisieron
ver la televisión. El discurso de los noticieros se
caracterizaba por el tremendismo y la dispersión:

desgracias aisladas, sin articulación posible. Las imágenes de derrumbes eran relevadas por escenas de pillaje. No había evaluaciones ni sentido de la consecuencia. Unos tipos fueron sorprendidos robando una televisión de pantalla plana extra grande. Obviamente no se trataba de un objeto de primera necesidad, y menos en un sitio sin luz eléctrica. ¿Era un caso solitario?, ¿el crimen organizado se apoderaba de electrodomésticos?, ¿se abrían viejas heridas sociales, comunitarias, generacionales? Los rumores sustituyeron a las noticias. Se habló de un pueblo que temía ser invadido por otro, con el que tenía rivalidad ancestral. Se cuestionó la vigilancia de la ONEMI, la organización de la armada que debe dar alerta en casos de *tsunami* y que confundió la señal de maremoto con la más leve de marejada. Se refirieron abusos del ejército y se puso en tela de juicio la severidad del toque de queda, que sólo permitía que la gente saliera a la calle durante seis horas en el sur del país (esto, dicho sea de paso, era más de lo que salíamos los náufragos del *lobby*).

El relato fragmentario y de sostenido negativismo de los medios mostró rencillas de tribus y repitió las severas declaraciones de la alcaldesa de Concepción, Jacqueline van Rysselberghe, que pedía que el ejército hiciera valer sus armas.

Es posible que además de la morbosa búsqueda de *rating*, los noticieros pretendieran crear un clima de confrontación antes de que Michelle Bachelet abandonara el poder. El sismo llegó como un último desafío para una presidenta con el 84 por ciento de aprobación y como una amarga encomienda para su sucesor, el empresario Sebastián Piñera, que había prometido expansión y desarrollo al estilo Disney World y en la madrugada del 27 descubrió que tendría que suspender sus sueños de pujanza económica para proceder con la cautela de los restauradores y los anticuarios.

Muchas cosas estaban en juego. Si el ejército cometía un error en los días de toque de queda, o si se producía una confrontación, la sucesión presidencial no sería tersa, se harían acusaciones sobre el origen de la violencia y se regresaría al divisionismo y la crispación que durante años dominaron la sociedad chilena. Las réplicas más fuertes del sismo podían ser políticas.

La suspensión de vuelos y la ocasional falta de teléfonos, Internet, suministro de electricidad y agua fueron las señas visibles de la catástrofe en

Santiago. Era como estar en un *reality show*: nuestra vida se asemejaba a la realidad controlada de un estudio de televisión; en cambio, lo que estaba afuera resultaba temible y casi ficticio: las cámaras retrataban una realidad salvaje al sur de Chile.

Los supermercados asaltados fueron el rostro dramático de un país donde la gente tenía hambre. Las filas para cargar gasolina en los barrios ricos de Santiago fueron su rostro hipocondríaco.

Como tantas veces, los periodistas llegaron al desastre antes que las personas que debían aliviarlo, y como siempre, los más afectados fueron los que habían padecido previamente el cataclismo de la pobreza.

Dos días después del terremoto visité una casa en las afueras de Santiago, con piscina y jardines. El fraccionamiento donde se encontraba, de aire campestre, transmitía un lujo sin excesiva ostentación. Los dispositivos de seguridad –puertas eléctricas, cámaras de vigilancia– parecían naturales, como si pertenecieran al buen funcionamiento del ambiente. Si acaso, lo único que sorprendía era la falta de dimensión local. Una ecología sin atributos. Un sitio deliberadamente neutro, estandarizado por el confort, uno de tantos espacios latinoamericanos que revelan que Miami puede estar donde sea. Al ver la cordillera desde la serenidad de ese jardín, había que hacer un gran esfuerzo para recordar que el escenario pertenecía al país arrasado por el terremoto.

Al sur, la historia era distinta. La isla Robinson Crusoe fue cubierta por el agua y la espuma, como el personaje que le dio su nombre. El *tsunami* dejó miles de desaparecidos y sepultados en el lodo. Para el día 4 de marzo se hablaba de ochocientos muertos. Los rescatistas chilenos que estuvieron en Haití comentaban la dificultad de sacar cuerpos de construcciones de concreto, encapsulados en el lodo endurecido después del *tsunami.*

Unos días después del terremoto, Daniel Goldin cumplió un viejo anhelo: visitar la tumba de Salvador Allende. El líder que en la adolescencia nos hizo creer en el socialismo democrático permanece en nuestra memoria como una inquebrantable figura sentimental. Cada 11 de septiembre la televisión transmite algún documental sobre el golpe de Estado de Pinochet. Los años me han informado de los problemas y las torpezas de la Unidad Popular, y las ingenuas y arbitrarias decisiones que ese gobierno tomó sin disponer de mayoría absoluta. Sin embargo, cuando la pantalla muestra La Moneda en llamas y se escucha la voz del presidente legítimo de Chile, Allende vuelve a tener razón.

Daniel fue al cementerio y comprobó que también ahí se había sentido el furor de la tierra. Regresó con unos cuantos guijarros. Me dio uno en el hotel. Era un trozo de piedra triangular, color beige.

—Es de la tumba de Allende —dijo Daniel—, un recuerdo por lo que vivimos aquí.

Luego me recitó el epitafio, aquella frase que memorizamos de jóvenes: "Mucho más temprano que tarde se abrirán las anchas alamedas…"

Guardé el guijarro en el bolsillo de mi pantalón y sentí su agradable y punzante filo hasta que llegué a México. Era como portar una oda elemental de Neruda.

Cuando finalmente acudimos al aeropuerto, las computadoras no funcionaban. Embarcamos sin entrar al sistema de Aeroméxico. Un vuelo fantasma, que no existió en los registros ni sirvió para dar millas en los programas de Viajero Frecuente. "La verdad es que no hemos llegado", comenta Francisco Hinojosa, aludiendo a ese vuelo indocumentado y a la dificultad de volver a la vida de siempre.

En el momento de mostrar mi pasaporte, volvió a temblar. Chile nos despedía con una réplica para que la memoria no fallara. El edificio, que ya había sufrido severos daños y sólo estaba habilitado a medias, se meció con fuerza. En el filtro de seguridad, una mujer policía se derrumbó, víctima de un ataque de pánico.

—Ustedes se van, pero yo me quedo —dijo entre sollozos cuando me acerqué a ella.

Obviamente no se refería a quedarse en Chile sino en ese inestable edificio.

En la sala de espera me encontré a José Ángel Sánchez Ahedo. Llevaba tres sombreros en la cabeza, como un extraño casco antisísmico. Me contó de su aventura al sur de Chile, en el poblado de Santa Cruz, y de cómo saltó por el balcón al techo de un restaurante vecino, que de inmediato se vino abajo por el impacto. Perdió un zapato en la maniobra. Recordé que las primeras señas del naufragio que ve Robinson Crusoe son los objetos que flotan a su alrededor. Entre ellos hay dos zapatos que no hacen juego.

Así volvíamos nosotros. Nuestros zapatos se habían vuelto disparejos.

Con pasos vacilantes llegamos al avión.

En su duplicidad, la cifra 8.8 adquiere carga simbólica: los gemelos del miedo, el diablo ante el espejo o, sencillamente, lo que somos y lo que podemos dejar de ser.

¿Qué tiempo tenemos por delante? Un chileno experto en terremotos comentó que nadie puede predecir cuándo llegará el siguiente sismo. Después de cada jornada, lo único que puede decirse con certeza es: "Falta un día menos".

Lo mismo sucede con las citas definitivas. Siempre falta menos para llegar a ellas. Una falla invisible decide el juego, nuestra residencia en la Tierra.

ELLA DUERME

un gran amigo me contó una historia que se impone como el resumen secreto de nuestros días sin calendario en que el tiempo adquirió la consistencia del polvo que lleva años detenido y parece proyectar una sombra como si el aire emanara de su reposo y fuera imposible limpiar los muebles porque tocar los corpúsculos inertes significaría despertarlo para llenar la atmósfera de su sequedad ardiente

así son las cosas que persisten aunque uno trate de relegarlas a la orilla sin puentes donde no conviene ir pero que se dibuja a lo lejos como el límite de los asuntos sin bienvenida a los que sólo se puede llegar con cierto daño mi amigo fue claro en su emocionada relación de esa historia que lo trabaja desde hace cuatro meses con afilada lucidez

no busca reproches ni enmiendas porque se trata de un hecho consumado que sin embargo no tuvo otra conclusión que la de una pausa entre la vida y la muerte

el testigo escucha el relato como un fluir de la conciencia que transmite algo que sólo puede definirse a partir de la incertidumbre de lo que no tiene término o no ha podido tenerlo en la forma que nos resignamos a ver como habitual

a no ser que vacilar entre una orilla y otra sea un modo de concluir y aceptar que después de todo no tener final definitivo es una variante comprensible del acabamiento

ella le dijo que se iba después de casi treinta años juntos sin usar palabras de reproche o rencor ni apelar a otro recurso que la suave y casi fría voz de quien reconoce y valora la dicha transcurrida pero no puede seguir adelante con esa vida donde todo da señales de convertirse en una insostenible lastimadura y donde la única salida es apagar la estufa y sus llamas azules un poco antes de girar por última vez las llaves demasiado familiares para salir rumbo a la imprecisión y la nada o en todo caso la vaguedad de lo que sólo se insinúa como algo distinto y todavía futuro

ella no tenía un proyecto claro ni otra alternativa sentimental en el momento de cerrar la puerta y avanzar por el barrio de siempre sin mirar atrás aunque quizá su forma de andar de prisa ya fuera un proyecto del que sólo podía reconocerse el impulso de partir y abandonar las situaciones conocidas

se fue sin horizonte pero al cabo de un mes consiguió trabajo en otro país y entonces tuvo lugar una nueva despedida en la que mi amigo entendió con dolor que lo que en un principio aún podía considerar como un impulso transitorio capaz de remitir en favor de un regreso a la rutina feliz y al sosiego en realidad era una decisión inquebrantable que la llevaba a poner distancia cruzando el mar hacia otra casa para asomarse a la ventana plomiza de un país frío y sin embargo preferible

él la visitó en esa tierra sólo para saber que podían convivir con extraña cortesía en habitaciones separadas de un mismo departamento y coleccionar recuerdos agradables que tenían la aguda cualidad de lastimar porque existían como el irrecuperable tiempo escapado de algún álbum de fotografías donde mostraban las sonrisas de los momentos felices a los que no es posible entrar de nuevo

mi amigo ensayó las vacilantes técnicas de reconciliación de los que no se han peleado pero tampoco pueden unirse sólo para oír de nuevo una versión de los hechos del todo ajena al reproche

en cierta forma hubiera sido preferible el odio para romper sin cortapisas y aceptar que no hay regreso porque la injuria incendió el camino y no permite otro retorno que el de los pasos cubiertos de cenizas

no hubo tensión ni argumentos convincentes o en todo caso hubo una inquebrantable manera de seguir de largo hacia esa nueva vida que sólo se definía por suceder lejos y al margen de todo lo que pudiera considerarse habitual

de vuelta en casa mi amigo escribió un largo correo electrónico para expresar su resignado afecto ante la ruptura

como si aún pudiera cerrar las cosas por su cuenta con la fortaleza de un último gesto voluntario sin lástima ni celebración melancólica de lo que valió la pena pero ya sólo podría existir como impostura y daño y terca insistencia

buscó una clausura a través del recurso de escribir que ella había aquilatado a lo largo de los años como una de las claves que les permitían tocarse sin mentiras y ser los otros que también eran y reconocían en la callada sombra de lo que llega por escrito

al pulsar la tecla de envío experimentó el cansado alivio de quien hace bien las cosas aunque se trate de algo que hubiera preferido evitar

mi amigo se preguntó si esas reflexiones demasiado largas no serían una variante del insomnio en esos días sin horas en los que siempre parecía de madrugada

esa misma noche el teléfono lo sacó de un primer sueño pacífico y lo puso en contacto con una voz rota que hablaba del otro lado del mundo o quizá del otro mundo

ella había sufrido un derrame cerebral sin padecer dolores ni sentir señales de que eso pudiera ser posible más allá del hecho extraño de que hubiera decidido alejarse de todo como si anticipara el estallido que la apagaría por dentro mi amigo fue a recoger el cuerpo dormido de su mujer

los médicos explicaron que padecía un mal congénito cuyo incierto desenlace era el derrame y cuya imposible predicción era el tiempo que podía durar ese letargo refractario al decurso de los días y la vida insólita de quien puede abrir los ojos

mi amigo trató de entender la historia con las conjeturas retrospectivas de quien no se resigna a que esos sean los hechos y busca la deliberación y el sentido que el destino trató de hurtar

¿ella huyó porque sentía que algo iba a ocurrir o sufrió las consecuencias de una decisión que la alejaba de los suyos y acaso de sus propias emociones ilusionándola con una remota vida preferible?

¿el cuerpo decidió el rumbo de las emociones o las emociones decidieron el rumbo del cuerpo?

mi amigo cuida a una mujer dormida

ella descansa lejos de su casa en un limbo donde la salida puede ser la arena negra de lo que acaba para siempre o el regreso a un país que acaso ya no sea el suyo y donde el presente quizá se manifieste como una sucesión de sueños

confundidos con recuerdos o recuerdos que no
llegan a parecer sueños

en lo que eso ocurre la conciencia fluye con la
minúscula insistencia de los insectos

ella preserva el mensaje de algo que sólo puede ser intermedio e indefinido y sin orillas

fue capaz de decir adiós sin saber adónde iba

el 27 de febrero la tierra se abrió bajo la tierra
y durante unos minutos todos fuimos como ella

"ESTOY ACÁ."
"¿ACÁ DÓNDE?"

RÉPLICAS

No pude bajar del séptimo piso durante el temblor y me resigné a quedarme en el cuarto 715. Mi suerte sería la del edificio. Varias veces pensé en Daniel Goldin, que usaba muletas a consecuencia de su caída. ¿Habría bajado a la calle? ¿Podría hacerlo?

Fue de los pocos que habló con su mujer mientras la tierra se sacudía. En medio del vértigo marcó los números que lo ataban a su destino. Días después lo explicó de esta manera: "El terror descarga adrenalina. Pienso, recuerdo, hago cálculos a una velocidad desorbitada. Está temblando, me digo. Y eso me tranquiliza.

"Los mexicanos estamos habituados a los sismos. Nos los colgamos como medallitas. Pero

Karen es belga y ella se ha quedado en casa con nuestro hijo de tres meses.

"Estiro la mano para llamar y decirle que estoy bien. Pero la línea está cortada. O no acierto a discar correctamente (¿era primero el nueve o el cero?). Tal vez debido al bamboleo disco erróneamente. Enciendo la luz. La lámpara titubea. Antes de que se apague veo que la pared se agrieta. Una nube de yeso flota en la habitación.

"Esto no es un temblor más".

El funcionario del Ministerio de Cultura brasileño que asistió en nombre de su país al Congreso Iberoamericano de Literatura Infantil y Juvenil dormía profundamente. Un empellón lo sacó del sueño. Algo extraño sucedía, pero no era momento de perder la calma. Estaba ante una catástrofe natural y debía actuar con racionalidad. Apasionado de los datos, había leído toda clase de informaciones sobre cataclismos. Recordó lo que decía un manual de supervivencia: el sitio más seguro del cuarto era el baño y más específicamente la bañera.

Fue al baño y se instaló en la tina. Los azulejos comenzaron a caer. Sólo entonces advirtió que se había equivocado de catástrofe. ¡Había seguido las instrucciones para sobrevivir a un ciclón!

Laura Hernández escribiría sus experiencias en la crónica "Vivir un terremoto": "La cama se movía como si alguien bajo de ella quisiera levantarse, lanzándome lejos. El ruido –tren bala–, atravesando la habitación, confundía mi percepción de la realidad. Me levanté, pero fui arrojada contra la pared, caminé hacia la puerta, los objetos correteaban por la habitación, en el baño caían al suelo los envases y la resonancia iracunda se pegaba a mi cuerpo.

"Sosteniéndome con un brazo sobre el marco de la puerta, la abrí. En mi pensamiento se presentaron mis hijos (ya son adultos, no me necesitan), mi esposo (está asegurado económicamente, pronto encontrará quien lo consuele, no me necesita). Pensé en Dios y le agradecí por la vida que me había dado. Los gritos en portugués de una mujer que corría por el pasillo me ubicaron: ¡estaba temblando! Le grité que regresara a su habitación, lo mismo hice con unos niños del cuarto de enfrente, que habían salido asustados. El movimiento se detuvo, sabía que vendría una réplica, de prisa me vestí y tomé el bolso con el pasaporte, dinero y pertenencias importantes, lo demás se quedaba. Caminé hacia la escalera de emergencia; ya no había nadie, en la confusión bajé hasta el primer piso olvidando que en el cuarto piso debía salir para cruzar un puente de metal y cristal que unía los dos edificios del Hotel Fundador. Miré hacia arriba, el hueco de la escalera me pareció inmenso. Subí los cuatro pisos y llegué al puente. La noche anterior había estado ahí admirando la calle París con sus adoquines y faroles tipo siglo diecinueve. Ahora el puente me parecía largo, flanqueado por cortantes paredes. Recordé la película de Indiana Jones *La cruzada*, donde él tiene que caminar por un puente que no se ve. Sólo creyendo podría cruzarlo. Así lo hice, me persigné y con pasos largos alcancé el otro lado. Bajé los cuatro pisos y me encontré en el *lobby* con todos los huéspedes, unos sentados, otros caminando como sonámbulos envueltos en sábanas y edredones, algunos hombres en bóxers, otros querían salir a la calle, pero los encargados del hotel no se los permitieron por el peligro de la caída de vidrios de los edificios vecinos. Un señor alemán desobedeció y salió para intentar agarrar línea y hablar a su familia, regresó gritando porque lo asaltaron".

Patricio Rojas llegó al sitio indicado por sus pasajeros. Se trataba de la última carrera de la noche y ya anticipaba un descanso feliz, al otro lado de Santiago.

Aguardó un momento a que los pasajeros sacaran los cinco mil cuatrocientos pesos del importe. Entonces el coche comenzó a andar solo. "¿Qué están haciendo?", pensó el taxista. Temió ver a la pareja en el asiento trasero. Los pasajeros movían el coche con fuerza inaudita. ¿Qué ejercicio o arrebato erótico los determinaba? "Son mutantes", pensó Patricio Rojas. Con repentina presencia de ánimo, se asomó al espejo retrovisor.

Contempló los rostros asustados de sus pasajeros. Sólo entonces entendió que estaba temblando. Aceleró justo a tiempo para evitar las piedras que caían de una cornisa. Se situó al centro de la calle y vio que los edificios se mecían.

Después de la cena en el Hotel San Francisco en compañía de otros miembros del Congreso, el profesor Pablo Ontiveros Miranda caminó los pocos metros que lo separaban del Hotel Fundador, donde estaba hospedado.

En el vestíbulo encontró al promotor de la lectura tamaulipeco Julio Gómez, con quien compartía la habitación 214.

Julio bebía una cerveza Austral y convidó a su amigo. Aunque Pablo ya había bebido dos copas de vino –la estricta cuota que se concede–, decidió alargar un poco la noche. La televisión transmitía el Festival de Viña del Mar y Ricardo Arjona estaba a punto de cantar.

Después de beber la cerveza subió a su cuarto y trató de dormir. Una presión se apoderó de sus sienes. A los pocos minutos tenía una jaqueca incontenible. Lamentó haber rebasado su límite alcohólico. Buscó una aspirina y bajó por un vaso de agua. El bar ya había cerrado. Un mozo le sugirió que tomara agua del grifo.

En México el agua de la llave es un líquido temible, una especie de bautismo al revés: anuncio de muerte, seña de mal augurio. Ontiveros reflexionó sobre el hecho curioso de que en otros países se pudiera beber agua corriente sin miedo.

A las dos de la mañana seguía sin conciliar el sueño y miraba con envidia la cama de al lado, donde Julio Gómez dormía sin sobresalto alguno. El dolor se hacía cada vez más fuerte. A las tres de la mañana se incorporó y fue al baño a lavarse la cabeza con agua fría.

Regresó a la habitación, sin poder dormir. Afuera, el plenilunio esparcía una luz amenazante. El cielo estaba presidido por una aspirina inmensa a la que alguien había dado un mordisco.

Entre sueños, Julio pensó en Guadalajara y repasó recuerdos de infancia en esa ciudad. De pronto, le pareció que recibía un saludo de su madre, ya fallecida. Sintió su presencia entre la puerta del cuarto y la cama, y advirtió que ella lo llamaba, con una voz que no necesitaba de sonidos. Se inclinó hacia ella, y en ese momento sintió que el edificio se movía. Pablo Ontiveros saltó de la cama, buscó sus zapatos, despertó a Julio, que por un momento se quedó inmóvil, incorporado a medias, como un ídolo de piedra.

Se resguardaron en el quicio de la puerta hasta que se fue la luz. El movimiento telúrico los obligó a salir al pasillo y bajar por la escalera.

Cuando llegaron al vestíbulo, las lámparas volvieron a encenderse. Ya en la calle, Pablo contempló a una multitud con cara de espanto, que parecía regresar de una atroz piyamada.

Entre los comentarios y las risas nerviosas de los colegas y huéspedes del hotel, Pablo Ontiveros Miranda sintió un alivio insospechado: el dolor de cabeza había desaparecido por completo. Su aspirina fue de 8.8 grados.

Hilda Fernández Garza nació y creció en Monterrey, lo cual significa que los temblores representan para ella un miedo exótico. Cuando se instaló en el Hotel Fundador abrió las cortinas de su habitación: el panorama le hizo saber que estaba en un establecimiento "con orgullo turístico y vista endeble".

Esa noche regresó tarde, sin buscar otro paisaje que el sueño. Después de la sesión del Congreso, fue a bailar música cubana en compañía de amigos expertos en literatura y danzas populares.

Regresó contenta; repasó con Lucina Domínguez, su compañera de cuarto, las bromas compartidas durante la noche, y se dio una ducha para dormir mejor.

El agua no logró refrescarla: un calor extraño se había apoderado del cuarto.

De pronto, los muebles comenzaron a crujir y las paredes se movieron. Su primer pensamiento fue que el edificio se venía abajo por viejo o mal construido. ¿Cómo era posible que los hospedaran ahí?

Lucina, que es de Puebla, donde los sismos han derrumbado decenas de cúpulas coloniales, entendió lo que pasaba. Fue ella quien pronunció la palabra "temblor".

Días después, Hilda reviviría sus movimientos en cámara lenta: "Como un dúo de nado sincronizado, nos movimos hacia el marco de la puerta con movimientos precisos, calculados". Hilda seguía sin preocuparse demasiado, pero en ese momento recibió una segunda ducha: los conductos del aire acondicionado se abrieron, empapando a las nadadoras imaginarias.

La sacudida era eterna. Cuando la luz se apagó, estar ahí se volvió insoportable. Hilda y su compañera decidieron vestirse a oscuras para salir del cuarto. La luz regresó cuando llegaban a las escaleras y pudieron bajar los seis pisos que las separaban de la calle.

En el *lobby*, los ojos de Hilda descubrieron algo enorme: "Un funcionario del gobierno brasileño, bastante alto y robusto, de ojos verdes y cabello entrecano, como el Santa Claus del Cono Sur, ocupaba el centro del salón; estaba prácticamente desnudo; una diminuta tanga se perdía entre sus carnes". Parecía la estatua del dios del absurdo, un recordatorio de que "después de una gran sorpresa, viene algo mayor".

Llegar a la calle significó abrazarse, llorar, compartir palabras y miedos. Corrieron hasta la avenida O'Higgins donde todo se confundió en un laberinto de coches que no se detenían, semáforos intermitentes, carabineros. Hablaron con un turista italiano al que le habían robado la cámara.

En el hotel, la sala de prensa se improvisó como un dormitorio donde la gente se envolvió en manteles.

Cuando rayaba el día, una réplica hizo que regresara la angustia. De nuevo la sensación de caos y gritos de personas extrañas y fragilidad y necesidad de huir y pérdida y vértigo. El caos volvía a ser peor que la naturaleza. Con la sonrisa que no la abandona, Hilda Fernández Garza comenta: "No fue el temblor lo que más me asustó".

La escritora Gloria Hernández relató su experiencia en *El Periódico de Guatemala*: "Comienzo a oír los gritos de los demás huéspedes del hotel y el movimiento no cesa. Se hace más fuerte, además. Me tiro hacia un lado de la cama, me pongo la almohada sobre la cabeza y espero lo peor. Nada, no siento nada. Me dejo llevar por el vaivén irremediable y me tapo las orejas con las manos para no escuchar el sordo estruendo. Se cae todo al piso. Incluidos los vidrios de la ventana y la televisión. Un discurrir eterno, un siglo en minuto y medio.

"Poco a poco, la tierra se va calmando. Afuera, las personas lloran, gritan, dan órdenes, rezan. Intento encender la lámpara de noche, pero nada. A la luz del teléfono celular, encuentro mi ropa y me visto. El velador toca a la puerta dando voces: 'Salga, salga, señora'. 'Estoy bien... ya bajo...'

"...Pedazos de cornisa y repello se esparcen por toda la acera. 8.8 grados, dice la radio...

"Las pocas luces de emergencia y la densa capa de polvo finísimo le dan a las escenas un toque de irrealidad. Mi memoria empieza a captar, una por una, instantáneas de antología: una pareja joven de españoles en piyama y con sus maletas sentada en la acera, esperando un taxi imposible; una señora que llora, vestida con una camiseta de tirantes puesta al revés de donde surge un pecho desnudo; otra, muy distinguida, en camisón y pantuflas de Winnie the Pooh; un señor en calzoncillos rojos y saco de vestir."

Otras reacciones fueron de una calma no menos asombrosa que el espanto. El editor y promotor de la literatura infantil Carlos Silveyra había pasado largas temporadas en Chile. Era uno de los pocos visitantes argentinos habituado a los terremotos. El hecho de estar en un onceavo piso durante el sismo no le preocupó mayor cosa. Al contrario: con lógica impecable, dedujo que si el cuarto se movía tanto era porque estaba en la parte más flexible del edificio.

Durante su exposición en el Congreso, Silveyra rindió homenaje al cuentista y titiritero argentino Javier Villafañe. A lo largo de su fecunda vida como contador de historias, Villafañe sólo había requerido de dos estímulos: el vino blanco y las bocas en forma de "o" de los niños. No era un hombre que buscara dinero u honores. Sin embargo, un día tuvo la suerte de conocer al rey de España. En su calidad de titiritero había manejado a muchos reyes, pero no sabía cómo tratar a uno de verdad. Así se lo dijo al rey Juan Carlos. Divertido por estar ante alguien que sabía conducir a los monarcas con hilos, el rey le prestó su coche para que volviera a casa. Villafañe no buscaba lujos, pero tenía su vanidad. Le fascinó regresar a su departamento madrileño en el coche de Juan Carlos. Para que los vecinos supieran de su importancia, le pidió al conductor que tocara la bocina. Por desgracia, nadie se dio por enterado. Sus amigos no estaban en casa. Entonces pidió que lo llevaran al bar del barrio, y también ahí tocó la bocina. Esa tarde, los habituales de las tertulias habían hecho una excepción. Fue en vano que el chofer tocara la bocina. Nadie supo que el titiritero era amigo del rey.

En la madrugada del 27 de febrero, los coches que circulaban por Santiago tocaban el claxon.

Tal vez Carlos Silveyra recordó la hermosa historia que contó en el Congreso. Nadie prestaba atención a las bocinas.

El hotel se movió durante un tiempo que sólo puede definirse como "psicológico". Carlos Silveyra no se preocupó. Su mente conservaba el orden, como si repasara todos los números que editó para la revista *Billiken*. Un nuevo empellón derribó el televisor.

Sólo entonces pensó que el sismo era bastante fuerte. ¿Qué titiritero invisible movía aquellos hilos?

Uno de los cuentos favoritos de Silveyra es "Continuidad de los parques", de Julio Cortázar, donde el lector descubre en el último párrafo que protagoniza el relato. Es posible que la resistencia del experimentado editor a preocuparse tuviese que ver con la sensación de estar inmerso en una trama que lo excedía y buscaba sorprenderlo, pero que a fin de cuentas lo necesitaba como testigo.

Cuando el movimiento cesó, el autor de *Adivinanzas para mirar en el espejo* alzó el televisor. Lo encendió y se sentó tranquilamente a enterarse de qué había pasado.

La indiferencia ante el cataclismo fue una sofisticada especialidad argentina. Como Carlos Silveyra, tampoco Alicia Salvi se preocupó gran cosa. Compartía el cuarto con su joven amiga y asistente Sonia Lugea. Al sentir las sacudidas, Sonia trató de despertarla afanosamente. Alicia murmuró en sueños:

–Chile es así, aquí esto es natural.

Alguien que se llama Alicia y se dedica a la literatura infantil sabe que grandes aventuras ocurren bajo tierra. Sin embargo, esa noche prefería dormir. Si la literatura infantil es una forma de preservar los sueños, Alicia Salvi era su musa perfecta. Nada haría que abandonara su dichosa ensoñación.

Tal vez recordaba el viejo mueble de madera donde hace más de cincuenta años descubrió el placer de la lectura. Ese mueble tenía una puerta pequeña que parecía inventada para alguien llamada Alicia. No era ni una alacena, ni una mesa para el teléfono, ni un librero, ni un armario para las vajillas. Se trataba de un mueble único, que aún existe y brinda servicios en la cocina de la madre de Alicia.

Aquella puerta singular fue la entrada a un sueño inagotable. Dentro estaban los libros, impregnados de las esencias que vendía el padre de Alicia. Las historias olían a incienso, almendras amargas, cítricos, Vetiver y lavanda.

Medio siglo después, la hija del perfumero sabe que nada es tan real como el sueño. El terremoto de Santiago no cambió esta costumbre.

Angustiada, Sonia fue al baño y se refugió bajo el marco de la puerta. Desde ahí habló por su celular.

En su duermevela, Alicia se sorprendió de que Sonia hubiera decidido hablar desde el baño. "Tal vez ahí tiene mejor cobertura", pensó sin apuro, y siguió durmiendo.

Sonia Lugea conoció a Cecilia Repetti en abril de 2010, en la primera clase del posgrado en literatura infantil que Alicia Salvi le había aconsejado que cursara. Los sábados tomaban clases de 9 de la mañana a 6 de la tarde. Establecieron una complicidad acompañada de mate y panes integrales.

Sonia tiene treinta y un años y Cecilia cuarenta y nueve. La diferencia de edades se vio anulada por los gustos comunes (películas, libros, yoga, ferias de artesanía, música, viajes, apuntes y resúmenes del curso), la cercanía geográfica (viven a diez kilómetros de distancia, lo que en Buenos Aires equivale a ser vecinos) y el contacto *nonstop* de los *mails*, las llamadas telefónicas y los mensajes de texto.

Sonia reservó los boletos de avión a Santiago y tramitó las inscripciones para el Congreso. Durante días habló con Cecilia sobre el equipaje que debían llevar y las expectativas del viaje. Al llegar al aeropuerto de Ezeiza descubrieron que tenían asientos separados, pero pudieron conseguir que las sentaran juntas. La visita a Chile era algo que debían compartir paso a paso: "Yo me hospedé en el Hotel San Francisco y ella en el Galerías. La distancia entre los hoteles era poca, bastaba cruzar la avenida Alameda y hacer media cuadra sobre la calle San Antonio. Estábamos cerca, eso era genial".

La noche del 26 de febrero fueron a cenar al barrio de Bellavista. Les recordó al de Palermo, en Buenos Aires, por su arquitectura y por la animada vida nocturna. Dedicaron la cena a repasar el Congreso, que las tenía entusiasmadas, y a planear el domingo: irían al Convento de las Dominicas a comprar regalos y luego a Isla

Negra, a la casa de Pablo Neruda. De ahí volverían a sus hoteles a recoger el equipaje.

El fin de semana estaba perfectamente organizado.

A la 1:30 de la madrugada del 27 cada una estaba en su hotel. A las 3:20, Sonia se despertó con sed, algo que rara vez le sucede. Bebió agua y no pudo volver a dormir. Le pareció que unas gotas de lluvia chocaban contra la ventana. Una presencia tenue, pero inquietante.

Segundos después todo vibraba. Se levantó de la cama, asustada, y trató de despertar a Alicia. Fue en vano. Tomó la almohada y, en forma instintiva, el teléfono celular. Se dirigió al baño y se situó bajo el quicio de la puerta.

Sonia Lugea entendió que estaba en un terremoto, con pocas posibilidades de sobrevivir. A pesar de la calma de Alicia, recordó que estaban en un décimo piso. Los cuadros cayeron, un vaso se rompió en el baño, oyó voces desesperadas.

Cuando el movimiento se detuvo, juntó los vidrios rotos y los arrinconó en el baño. Hizo acopio de las cosas más importantes: la mochila, la PC, medicinas, una muda de ropa, documentos, dinero. Con este equipo de emergencia regresó a la puerta donde se había refugiado. Después se sorprendería de que en medio del pánico no gritara ni llorara. Actuaba animada por un instinto de supervivencia. Mientras tanto, Alicia Salvi dormía. Es posible que esta indiferencia ante el desastre ayudara a su amiga.

Sonia pertenece a la generación digital. El teléfono celular no se había despegado de su mano. Instalada en el repentino campamento del baño, hizo contacto con Cecilia. Con insólita entereza, intercambiaron mensajes de texto.

Caso de literatura exprés, la correspondencia entre Sonia y Cecilia registra la angustia y la incertidumbre en tiempo real:

SMS *Sonia* 3:51 a.m.: Hola, estás bien?

"Mensaje sin respuesta. Quizá nunca llegó, o la señal se perdió. Una hora más tarde insistí."

SMS *Sonia* 4:55 a.m.: Estas bien?
SMS *Cecilia* 4:57 a.m.: Si, asustada pero bien. Las habitaciones rajaduras.
SMS *Sonia* 4:58 am.: Estas abajo? Yo no, Alicia no quiere bajar, quiere dormir. Yo estoy bajo el marco de la puerta.

"En esta hora hay replicas. Llamaron desde el *lobby* preguntando si nos encontrábamos bien y si deseábamos bajar. Pero me quedé con Alicia ya que ella no quería bajar porque suponía que en el *lobby* reinaba el estado de pánico. Yo decidí no dejarla sola."

SMS *Cecilia* 5:41 a.m.: Estas bien?

SMS *Sonia* 5:42 a.m.: Si estamos bien. Ali en la cama y yo en el piso. Estas bien?

SMS *Cecilia* 6:01 a.m.: No voy a volver al hotel. Rajaduras en habitaciones. Todos lobby. Cualquier cosa me voy al tuyo.

SMS *Sonia* 6:02 a.m.: Ceci venite cuando quieras. Es mas, venite ya. Te busco abajo.

SMS *Cecilia* 6:06 a.m.: Me dicen que espere. No recomiendan salir ahora, todo oscuro. Banco un rato.

SMS *Sonia* 6:08 a.m.: Apenas allá luz natural salí que te recibo en la fuente. Beso!

"Supuse que Cecilia estaba muy nerviosa y angustiada; no conocía a nadie en ese hotel."

SMS *Sonia* 6:13 a.m.: Tranquila todo va a estar bien.

SMS *Sonia* 6:48 a.m.: Ceci, salí que ya aclaró. Avisame cuando salís.

SMS *Cecilia* 6:52 a.m.: Estoy bien por ahora. No veo mucha luz no semáforo. Voy a estar un rato. Todo bien.

SMS *Sonia* 6:53 a.m.: Buenos, avisame cuando vas a salir. Todo esta bien.

SMS *Cecilia* 6:59 a.m.: Las rajadura solo de revoque nada de estructura.

SMS *Sonia* 6:59 a.m.: Menos mal!!

SMS *Cecilia* 7:23 a.m.: Estoy acá.

SMS *Sonia* 7:23 a.m.: Acá donde?

SMS *Cecilia* 6:59 a.m.: En tu hotel lobby.

SMS *Cecilia* 6:59 a.m.: Ahí bajo.

"Bajé las escaleras, réplica de por medio. Al llegar al *lobby* no veo a Cecilia; salgo hacia la fuente y allí la vi, con su maleta y su cartera. Nos abrazamos fuerte, y Ceci sollozaba mientras me decía: 'No sabes qué miedo, sola, se movía todo'."

Istvanch sintió un golpe descomunal. La cabecera de su cama dio contra su cráneo, cuidadosamente rapado como *skinhead*. Pensó que una pareja frenética, tal vez intoxicada, copulaba en el cuarto de junto. Sin embargo, aquello rebasaba las atléticas acrobacias del cine porno.

Influido por la imagología posmoderna y por las copiosas y a veces grotescas imágenes que ha visto como estudioso de la ilustración de libros para niños, Istvanch pensó que atestiguaba el ayuntamiento de alienígenas, replicantes, supercopias, *cyborgs*, robots de nuevo diseño. Luego pensó que el problema estaba en su propio lecho. ¡Lo habían puesto en una cama mecánica! "¿Cómo se apaga esto?", pensó antes de despertar del todo. Su inconsciente había sido el de un guionista de ciencia ficción xxx. Abrió los ojos. La realidad era más grave. Las figuraciones de su mente habían sido más llevaderas que la naturalidad del desastre.

Los argentinos estaban condenados al más terrible *aftershock*: ninguno de ellos llevaba mate. Unos días antes, empacar hierba rumbo a Chile hubiera sido un regionalismo un tanto ridículo. A fin de cuentas, se trataba de un viaje de cinco días. Sin embargo, en el momento de conversar sobre lo que había sucedido y descubrir que la supervivencia constaba básicamente de largos ratos de espera para encontrar un autobús rumbo a Mendoza, los sobrevivientes argentinos supieron que el miedo y la sorpresa y las anécdotas requerían de un inexistente producto de primera necesidad: el mate.

El podio de la calma triunfal se completa con otra argentina, la escritora Elena Dreser. Cuando el temblor terminó, supo que debía bajar a la calle. Escogió la ropa para la ocasión y reparó en un hecho curioso: nunca se había vestido sin bañarse antes. "Hoy no es la excepción", decidió.

Fue al baño y descubrió que la ducha estaba llena de escombros. Esto no alteró su sangre fría ni su ímpetu higiénico. Se dirigió a un cuarto vecino, se presentó y pidió permiso para usar la ducha.

Media hora después era la persona más elegante en la banqueta de la calle Alameda.

Francisco Hinojosa no encontró el interruptor para salir de su cuarto. Se orientó por la luz de la luna que se filtraba por la cortina. En la alfombra vio una mancha rojiza. Una botella de vino se había hecho trizas.

Ya en la calle, comentó el percance con Enrique Martínez, dibujante cubano que no pierde el humor ni la picardía:

—Me has dado una idea, Panchito —Enrique se llevó la mano a la frente con gesto teatral—: Me voy a beber todas las botellas del servibar, las voy a hacer trizas y voy a decir que se rompieron en el terremoto.

El 15 de mayo de 1963, Gordon Cooper se convirtió en el primer astronauta en dormir en el espacio exterior. Orbitó la tierra veintidós veces durante 34 horas, 19 minutos y 49 segundos, tiempo suficiente para que el cansancio y la tensión le permitieran disfrutar de una siesta.

Pero la verdadera capacidad de Cooper para descansar se manifestó antes de la partida. Mientras la torre de control pronunciaba el conteo regresivo ("10... 9... 8..."), ¡el astronauta dormía!

José Luis Cortés pertenece a la estirpe de Gordon Cooper. En su calidad de director del Congreso Iberoamericano de Literatura Infantil y Juvenil no se tomó un respiro. Sin embargo, sus jornadas de alta fatiga lo capacitaron para descansar a fondo en sus escasos ratos libres.

De las 4 a las 7 de la mañana los huéspedes del Hotel San Francisco estuvimos en la calle. De pronto advertimos que faltaba el más conspicuo de nosotros. José Luis Cortés no estaba ahí. "Hace mucho que regresó a dormir", dijo alguien. La Tierra había modificado su eje, pero él no había modificado sus nervios.

Como Gordon Cooper, José Luis podría dormir en la torre de lanzamiento de la nave Géminis.

María Castillo estaba contenta. El 27 de febrero es su cumpleaños y adora las fiestas. Había cenado con buenos amigos y aún recordaba los últimos chistes que se habían contado en la mesa mientras ella cedía a uno de sus más inquebrantables placeres: quitarse los zapatos y repasar deliciosamente el suelo con las plantas.

Como Pedro Almodóvar, María es manchega. Tal vez esto explique la forma en que su sólido sentido común se mezcla en su psicología con la transgresión y el disparate. "Soy una folclórica", dice para justificar su vitalidad llena de gustos eclécticos.

Fue una de las pocas personas que bajó a la planta baja por ascensor. En el descanso del piso donde se hospedaba coincidió con una joven pareja y los convenció de subir al elevador con este irrefutable argumento:

–Total, si se cae nos morimos los tres.

Como el suelo se movió el día de su cumpleaños, María fue bautizada como la Chica Terremoto, apodo que merecía sin sismo de por medio.

En los siguientes días, María Castillo alegró nuestras reuniones con su personalísima manera de entender la realidad.

Rosana Faría no quiso seguir durmiendo en el hotel damnificado (donde María, dicho sea de paso, se sentía "la mar de bien"). La ilustradora venezolana regresó a compartir el almuerzo con nosotros y contó que se había refugiado en la granja de una familia chilena. Había descubierto que la felicidad doméstica puede ser absoluta.

La amiga que le dio asilo tenía seis hijas. Todas eran preciosas, todas ayudaban, todas se querían:

—¡Es como estar en *La novicia rebelde*! —comentó Rosana.

El marido de su amiga pertenecía a ese rango de hombres ejemplares e improbables que trabajan cantando. Lo único que lo inquietaba en esos días era garantizar el alimento para sus treinta y cinco mil gallinas.

—He descubierto que la felicidad familiar existe —insistió Rosana.

—Ya sé cuál es el secreto —sonrió María—: tener muchas gallinas.

Francisco Hinojosa se ha aficionado a los mensajes en ciento cuarenta caracteres de Twitter. Desde los momentos posteriores al terremoto hasta nuestro regreso a México no dejó de enviar noticias con el pulso firme y sincopado de un telegrafista al que le gusta el jazz.

Una vez que el gobierno mexicano se resistió a hacer lo mismo que Colombia, Perú y Brasil (enviar un avión a la base militar para rescatar a los mexicanos varados en Chile, especialmente los que estaban en zonas de alto riesgo), la red de solidaridad que se creó en la comunidad virtual fue tan importante como el apoyo de los medios para que la Embajada en México aceptara nuestro plan B: lograr que nuestros boletos de LAN (que sólo nos concedía lugares para diez días después del terremoto) fueran endosados y aceptados por Aeroméxico.

En 1979, Francisco y yo estuvimos juntos en un temblor. Aquel tiempo señalaba para nosotros el inicio de la escritura y la vida independiente. Treinta años después otro temblor nos reunió en Santiago.

El más prolífico autor de cuentos para niños escribió mensajes como un percusionista en el caos. Dejo algunos en la página al modo de las migas de pan que en los cuentos de los hermanos Grimm permiten recorrer el encantado bosque del espanto:

Estoy vivo. Por si a alguien le interesa. Santiago: 8 grados Richter.

Ahora sí la vi cerquita. Está retefea. 6:49 a.m. Feb 27.

La calle está llena de escombros y vidrios. Los negocios están cerrados. Hay poca gente en las calles. El aeropuerto cerrado. 3:56 p.m. Feb 27.

Sólo vi derruida parte trasera de la fachada del Museo de Arte Contemporáneo. Hay mucho miedo. La gente no quiere dormir en sus cuartos. 4:00 p.m. Feb 27.

Nos lo han dicho: hay que estar, por ejemplo, bajo una mesa. Y una vez allí, cuando todo trepida, ¿dónde quedó el agua? 6:50 p.m. Feb 27.

Siguen las réplicas. O ya algunos no las sienten o les da flojera salir del hotel. 5:26 a.m. Feb 28.

Sirenas de ambulancias y bomberos. 5:26 a.m. Feb 28.

Me despertó un sueño: un avión del ejército nos "evacuaba". Jaja. 1:23 a.m. Mar 1.

Ayuda: ya Colombia mandó un avión por los colombianos varados en Santiago. Qué pasa con México. 2:31 p.m. Mar 1.

Nos están programando, cuanto antes, ¡para el martes de la semana que entra! 2:35 p.m. Mar 1.

LAN Chile no da la cara, no contesta el teléfono: no tiene problemas. 5:27 p.m. Mar 2.

Al parecer, el avión todavía no sale de México. Al parecer, las maletas están hechas. Al parecer, regresamos. 12:36 p.m. Mar 2.

Los medios y los *twitteros* han hecho lo suyo. Eso no es "al parecer". 12:43 p.m. Mar 2.

Al parecer... No hay nada: de nuevo no hay para cuándo. 2:55 p.m. Mar 2.

Los gobiernos de Colombia, Brasil, España y Perú repatriaron a los suyos. México no responde. 3:02 p.m. Mar 2.

Al parecer se terminaron los alpareceres: ningún avión llegará por nosotros. Ah, pero cuánto lo presumieron. 7:16 p.m. Mar 2.

Los más repatriables se quedarán a vivir aquí.
Vaya: sólo a representarnos. 7:18 p.m. Mar 2.

Engañar, enmarañar, enturbiar, empañar: en-
señarnos lo que son. 7:20 p.m. Mar 2.

¿Con quién enojarse? Sólo sé que no con la
Tierra. 8:01 p.m. Mar 2.

El gran villano del Congreso de Literatura Infantil y Juvenil fue un tiovivo. Cada vez que un
ponente excedía su tiempo, un carrusel en mi-
niatura se encendía y giraba con el sonido sinies-
tro que las cajas musicales adquieren cuando no
cumplen el propósito de divertir. Era la adver-
tencia para que el conferenciante guardara silencio de una vez por todas. Se necesitaba enorme
presencia de ánimo o pésimo oído para ignorar
las agudas notas del acabamiento.

Hollywood ha perfeccionado las escenas de espanto en las que todo se destruye, pero una pequeña bailarina sigue girando al compás de unas
notas de mancillada inocencia.

Poco antes de que nuestro edificio dejara de moverse, concebí una pesadilla. Nos desplomaríamos hasta convertirnos en un montón de escombros y varillas retorcidas, y en la cima de nuestros desperdicios giraría, imperturbable, el carrusel de juguete.

Francisco Mouat había soñado en sus vacaciones que acompañaba a un repatriado en un vuelo aerostático. El protagonista llevaba su casa a cuestas, como en la película *Up*.

Después del terremoto y de cerciorarse de que su familia estaba bien, lo primero que hizo Mouat fue interesarse por la suerte de Tito Matamala, un amigo que vive en un edificio más o menos nuevo del centro de Concepción.

Francisco había salvado una casa en el sueño sin saber que pocos días después mucha gente se quedaría a la intemperie. La ciudad de Concepción estaba incomunicada y le costó trabajo dar con Tito. Cuando finalmente lo logró, supo que su amigo había perdido la casa y su colección de plastimodelismo. Los coches y aviones atesorados desde su infancia se habían hecho añicos.

"Tito estaba vivo, y asustado", comentó Mouat. "El domingo a las dos de la tarde recibo un llamado suyo. Me emociona escuchar su voz. Lo abrazo telefónicamente. Tito Matamala, un duro, se pone a llorar."

El cronista que soñó que viajaba en globo con una casa que volvía a su tierra de origen, entendió lo que valía ese llanto.

Marcelo Figueras reprodujo en su *blog* un testimonio de la novelista Andrea Maturana, que estuvo varios días sin electricidad: "Todos estábamos acampando en el *living* de la casa, que es el lugar más liviano y menos riesgoso. El sol se ponía, comíamos con velas y luego nos dormíamos porque no había nada más que hacer cuando ya estaba oscuro, todo en completo silencio. Ni leer podíamos en la noche… Entre mis amigos hay chicos que no quieren volver a entrar a la casa, ni siquiera al baño, y hay una sensación de estrés postraumático tremenda. Todos estamos muy cansados, irritables, con el pecho apretado. Mientras la Tierra se encabritaba como una yegua salvaje ese día y se veían relámpagos de luz en el cielo (supongo que habrán sido centrales eléctricas que colapsaban) y el ruido era estridente, yo pensaba: la impermanencia".

La autora de *El daño* también recordó lo que le dijo un amigo: "La Tierra renueva la memoria, quiebra la loza de la abuela para recordarnos la fragilidad".

Esto me hizo pensar en mi propia abuela, que rompía platos en momentos de crisis.

Un país, a fin de cuentas, no es otra cosa que una legendaria fuerza emotiva, una abuela trascendental que de pronto nos recuerda quién manda en la casa, y rompe los platos.

LA ABOLICIÓN
DEL AZAR

Heinrich von Kleist:
moral y destino

En octubre de 1807, Heinrich von Kleist cumplió treinta años. Había pasado el último de ellos en Königsberg, la ciudad donde la gente ajustaba sus relojes según los paseos del metódico Immanuel Kant.

Kleist dominó con llamativa precocidad los más diversos géneros literarios: la comedia (*El cántaro roto*), el drama (*Pentesilea*), el relato (*Michael Kohlhaas*) y el ensayo (*Sobre el teatro de marionetas*). Su estancia en Königsberg lo confirmó en su idea de alejarse del ejército y el servicio público para dedicarse de lleno a la escritura. Como tantos espíritus de una época en la que los filósofos fungían de oráculos, había ido ahí en busca de Kant. Después de leer la *Crítica del juicio*, su percepción del conocimiento cambió por completo. Sus caminatas de hombre atribulado no seguían un rumbo geográfico sino mental. Una obsesión lo abrasaba: la verdad es una categoría esquiva y acaso inapresable.

¿Hay un sentido inmanente en el acontecer? ¿Es posible establecer una deliberación definitiva en nuestros actos? Estas preguntas lo llevaron a componer *El terremoto en Chile*.

Aunque Europa aún se encontraba conmovida por los efectos del temblor de Lisboa, en 1755, Kleist ubicó la acción en un sitio remoto que le permitía mayores libertades para trazar una fábula moral. Acaso también se dejó influir por las ejecuciones que trajo la Revolución francesa, donde cada equívoco judicial provocó una pérdida irreparable.

La acción del relato se ubica en 1647, en la ciudad de Santiago (que el escritor alemán escribe como "St. Jago"). El acaudalado Henrico Asterón confía la educación de Josefina, su hija única, al joven Jerónimo. El maestro seduce a su alumna y la convierte en su campo de conocimiento. Don Henrico enfurece y la chica es enviada al convento de las Carmelitas. El amante logra entrar ahí. Josefina queda embarazada; la relación clandestina se pone al descubierto, la ciudad se sume en el escándalo, los protagonistas son detenidos y confinados a prisiones separadas donde aguardan la pena de muerte.

Éste es apenas el planteamiento de la trama, el inicio de una cadena de posposiciones y falsas salidas destinada a explorar los arbitrarios caprichos del destino.

En su mazmorra, Jerónimo "odia la vida". ¿Vale la pena una existencia donde no es posible estar con la persona amada? Resignado ante su suerte, sólo lamenta no morir en compañía de Josefina.

En esa situación lo sorprende el terremoto. Los muros se vienen abajo, los guardias quedan sepultados bajo las piedras, el aire fresco llega al sitio que él juzgaba inexpugnable.

Jerónimo escapa y recorre la ciudad devastada por el sismo. El río Mapocho se ha desbordado y la gente se refugia en los cerros. La supervivencia es un exaltado desorden.

El asombro de estar a salvo y en libertad dilata una reacción esencial. Sólo al saberse lejos del presidio, Jerónimo cede al lujo de tener miedo. Hasta ese momento todas sus reacciones han sido instintivas. Repasa con atención lo sucedido y se arrodilla con tal fuerza que su frente toca el suelo. Agradece a Dios, llora de alegría y se atreve a concebir una esperanza.

El gusto de estar vivo se mezcla entonces con el temor de no poder dar con Josefina. Esta ilusión lo desespera; la posibilidad de recuperar el placer activa la inquietud. ¿El mismo Dios que le devolvió la libertad podrá traerle a su amada? ¿Es lícito y posible aumentar de ese modo el grado de la dicha?

La fábula moral avanza. Jerónimo busca a Josefina con denuedo. Una mujer, agobiada por el peso de sus hijos y de los trastes que rescata de una casa, le informa que ella ha muerto. Habla "como si la hubiese visto con sus propios ojos". El protagonista ignora que en los momentos de pánico las más diversas sensaciones son percibidas como certezas. Jerónimo cree en lo que dice la mujer e interpreta su suerte como un castigo peor que la pena de muerte: nada duele más que sobrevivir a la persona amada. Si la voluntad de Dios sigue un designio, sin duda es punitivo.

La historia cobra otro giro cuando Jerónimo se acerca al río y ve a una hermosa mujer con un niño. Esa madona es Josefina. Está con Felipe, el hijo de ambos.

La adversidad los ha salvado. Santiago está en ruinas, hay escenas de pillaje y desasosiego, pero ellos se han reunido en libertad.

El mensaje de las piedras parece ser el siguiente: se acusó injustamente a quienes no cometieron otro delito que amarse con pasión; al abrirse, la tierra restituyó una justicia superior.

Esta idea se ve reforzada por la condición selectiva de las muertes: quienes condenaron a los amantes –la abadesa y el arzobispo– han muerto. Así parece confirmarse el juicio del cielo, que libera a las víctimas y castiga a los verdugos.

Convertidos en una nueva versión de la Sagrada Familia, Jerónimo, Josefina y Felipe deciden huir a la ciudad de Concepción, para zarpar de ahí a España.

Antes de partir, son hospedados por don Fernando y su familia. En esa casa reciben muestras de solidaridad. Se dan cuenta de que no todo es egoísmo en la catástrofe. También en las calles abundan las pruebas de apoyo a los desconocidos. Un tejido de gestos cómplices permite que la gente siga adelante. Al promediar el sigo XX,

Albert Camus exploraría en *La peste* el talante comunitario que surge en los momentos de adversidad extrema. Jerónimo y Josefina se sienten parte de ese ente colectivo. La sociedad que pocos días antes los repudiaba en forma prejuiciosa se ha unido en la derrota: la desgracia general ha dado lugar a una nueva comunidad. Están en su patria. Deciden seguir ahí.

¿Puede una felicidad tan completa deberse sólo al azar? Todos los personajes de la historia son creyentes. No les cuesta trabajo suponer que detrás de tantas peripecias se esconde la deliberación de Dios. Si se han salvado, es por voluntad divina.

Jerónimo y Josefina deciden dar gracias en la iglesia, con renovada fe. Asisten a una ceremonia multitudinaria donde los fieles buscan alivio espiritual para la zozobra de los últimos días. Ahí son reconocidos, no como víctimas sino como criminales. Estar en el templo no les brinda protección. Han caído en una trampa, urdida por sus propias convicciones.

La gente que consideraban solidaria muestra otro rostro. La grey de la iglesia juzga con severo moralismo: el terremoto expresó la cólera del

cielo por la pecaminosa vida de la ciudad; la luju-
ria de Josefina y Jerónimo trajo la tragedia.

Los amantes vieron el cataclismo como una
oportunidad de comenzar de nuevo, una puesta
en blanco del bien y el mal. En cambio, la enco-
lerizada multitud los responsabiliza del daño
colectivo.

De golpe, la congregación pasa de la ceremonia al linchamiento. Don Fernando encara a la
multitud con "valor de león", pero es en vano.
Josefina le confía a su hijo Felipe. Don Fernando
sostiene con una mano la espada y con otra al
pequeño Felipe y a su hijo Juan.

Josefina y Jerónimo son salvajemente asesi-
nados. La condena a la que habían escapado con
tanta suerte se cumple al fin. Su único paliativo
es el de morir juntos y salvar a su hijo.

Don Fernando combate hasta que sus prote-
gidos mueren. La multitud le arrebata a un niño de sus brazos. Se trata de su propio hijo, pero
los demás creen que es el niño de Jerónimo y
Josefina. El pequeño Juan muere y don Fernando es perdonado; ya ha corrido suficiente sangre
para lavar la afrenta de los amantes ilícitos.

Felipe, el hijo de Jerónimo y Josefina, crece

en una familia que no es la suya, pero que poco a poco comienza a serlo. Don Fernando se encariña con él, lo ve crecer, lo compara con el hijo que perdió, y casi cree que es feliz.

En un primer plano, *El terremoto en Chile* cuestiona una moral impositiva, incapaz de producir el bien. De un modo más complejo, señala la imposibilidad de decidir con certeza ante numerosas disyuntivas éticas. Todo lo que sucede es a un tiempo lógico y arbitrario.

Jerónimo y Josefina son castigados por amarse contra la norma; infringen reglas sociales tiránicas, pero claramente establecidas, y saben que eso conlleva una sanción. Cuando el terremoto los libera, piensan que se trata de una segunda oportunidad y extienden este alivio a una certeza incomprobable: el cielo no los ha elegido a ellos por azar; sus jueces han tenido peor suerte.

Todo terremoto convierte a los sobrevivientes en víctimas omitidas: podrían haber muerto pero se salvaron. ¿Responde esto a una casualidad o a un designio?

La pregunta tiene sentido para cualquiera que atraviesa un caso semejante. La oportunidad de no morir exige examen de conciencia.

Condenados por la sociedad, Jerónimo y Josefina son absueltos por el tribunal superior de la naturaleza. No es difícil que entiendan esto como un mensaje simbólico. Sin embargo, ¿se trata de una redención o de una oportunidad de enmienda?

La felicidad de estar juntos produce en ellos un estado de ánimo que ya les parecía vedado. Son capaces de concebir una ilusión. Villiers de L'Isle-Adam escribió un relato maestro sobre el más cruel de los castigos: *La tortura de la esperanza*. Un rabino condenado a muerte por la Inquisición descubre que la puerta de su celda está abierta. Recorre los húmedos pasillos de las mazmorras sin encontrar vigilante alguno. Todas las cerraduras están abiertas. Logra salir a la intemperie, respira la fragancia de la libertad y cae de rodillas, agradeciendo su suerte. Es un hombre religioso: entiende que Dios lo ha liberado.

Al alzar la vista, descubre a una figura junto a él. El gran inquisidor ha llegado ahí para apresarlo. El rabino comprende "que todas las fases de la jornada no eran más que un suplicio previsto, el de la esperanza".

Algo similar sucede con Jerónimo y Josefina. Juzgan que Dios los ha salvado y caen en la demasía de la esperanza. No buscan un protector camino de penitencia (pasar unos años separados) y cancelan demasiado pronto la idea de huir.

Una de las paradojas del relato es que condena una moral rígida y al mismo tiempo sugiere que los protagonistas se salvarían si se sintieran culpables. El caos de Santiago permitiría que se escondieran sin ser reconocidos. Acaso su mayor tragedia es la de considerarse inocentes. Su creencia en el milagro es tan absoluta que se consideran señalados por Dios e inmunes a tragedias posteriores.

¿Hay una dosis eficaz para la fe? De ser así, a Jerónimo y Josefina les convendría creer un poco menos. Una interpretación más escéptica del milagro los hubiera llevado a entender la salvación como un impulso para corregir la vida anterior. Los amantes no siguen la senda de los pecadores redimidos; no se protegen ni aspiran a cambiar. La dicha de estar juntos y la generosidad del pueblo los lleva a ignorar que las voluntades son mudables. El fallo de hoy cambiará mañana.

Kleist parece sugerir que la felicidad sólo se preserva si prescinde un poco de sí misma. Esta válvula de seguridad ya está en la Biblia: la víctima omitida tiene que hacer un sacrificio.

Por ingenuidad, por un narcisismo de la inocencia o por falta de anticipación de los designios ajenos, Jerónimo y Josefina vuelven a caer. Después de un largo rodeo se cumple la sentencia a la que estaban condenados.

En sus múltiples niveles de lectura, el relato confirma y niega la fatalidad. Cada fase de la trama representa una oportunidad de decidir algo y revela que incluso el dogma puede interpretarse de múltiples maneras. En el sistema de creencias de Jerónimo y Josefina es lógico creer que Dios los ha salvado como un ejemplo para la humanidad y es lógico creer que los castiga por no aprovechar su transitoria supervivencia para enmendarse como es debido.

El domingo 28 de febrero fui a misa en la iglesia de San Francisco, en el centro de Santiago. Ahí recibí un folleto, seguramente preparado antes del terremoto, en el que se hablaba de la cuaresma y se encomiaba la vocación realista de Cristo: "A los discípulos, Jesús los hace bajar a la realidad, enfrentar el presente donde está la responsabilidad y la lucha que deben animar la esperanza [...] Por eso, en tiempos de cuaresma la Iglesia nos llama a celebrar el sacramento de la Penitencia, como signo de sincera conversión".

En su sermón, el sacerdote habló del sacrificio de Abraham, la esperanza concebida a través de la lucha, el esfuerzo, el sacrificio.

El terremoto invirtió los términos de la cuaresma: la penitencia antecedió a los rezos. ¿Hay recompensa para los sufrimientos que no han sido ofrecidos? ¿El castigo gratuito supone un mero accidente o una prueba de fe superior a la del castigo buscado? La gente que se disponía a ayunar se encontró ese domingo con que ya había sido castigada. Si la cuaresma es un ofrecimiento; en este caso llegaba tarde. ¿Mitiga eso la fe o fortalece su misterio?

El reverendo Gerald Manley Hopkins escribió un largo poema para explorar tal enigma: *El naufragio del Deutschland*, que Salvador Elizondo vertió de manera ejemplar al español. En la noche del 6 al 7 de diciembre de 1875, cinco monjas franciscanas se ahogaron al hundirse el barco en que viajaban. Su fe no bastó para que Dios las eximiera del castigo. Hopkins se pregunta si el calvario no será a fin de cuentas la forma más alta de la oración: "¿El naufragio es cosecha? ¿La tempestad tu siembra? ¿Puede el daño ser una forma del provecho?" Al final, el poeta sacerdote se resigna y pide que las monjas sean recordadas en el momento en que se ahogaron entre los médanos y para ellas se abrió "el último puerto celestial de la recompensa".

Kleist registró los dilemas morales que plantea un terremoto. ¿Hay un designio en el azar y, de ser así, podemos anticiparlo o siquiera entenderlo? ¿En qué medida merecemos lo que nos sucede? ¿El libre albedrío conduce a nuestro propio bien o es un incierto campo de batalla? ¿Dónde está la verdad en lo que cambia siempre?

Podemos abordar estas preguntas desde la religión, como hacen Jerónimo y Josefina. Si hacemos abstracción de Dios y la Providencia, no pierden sentido. Desde una perspectiva moderna, el filósofo chileno Fernando Viveros Collyer reflexionó sobre el terremoto de 2010.

Viveros preparaba una antología sobre la filosofía y el Bicentenario cuando el sismo se impuso como un asunto más urgente. Envió un mensaje a los participantes para que aportaran algo al respecto. Extraigo algunas de sus reflexiones, nada ajenas a Kleist:

Uno de los temas o una de las palabras fundantes, inevitable quizá, de la filosofía, es lo que llamamos verdad. Al parecer, una diferencia entre lógica y experiencia, consiste en la diferencia entre quien pretende fundar la verdad en la relación con una regla que se da a sí mismo, y quien la busca "afuera", donde hay una relación que siempre complica cualquier regla (o lógica de la verdad). Nosotros, hijos de una civilización que ha domesticado la tierra por todos lados, habitantes de la ciudad que ha controlado la diferencia entre paisaje y urbanismo, parece que ya no respiramos aire sino esmog, que ya no bebemos agua sino bebidas. En este ambiente no hay afuera. La existencia o la vida consiste en recorrer calles o avenidas, usar vehículos y dormir en cubículos asegurados. El mundo es lenguaje, libros, películas, música, también periódicos, televisión, lugares de trabajo y entretenimiento. No hay experiencias sino confirmación, espejos que nos reflejan lo que queremos que digan. Las teorías le

ganan a la aventura; la repetición a las aluci-
naciones.

El afuera se ha retirado tanto que parece
no haberlo [..] Y, entonces, en medio de una
noche cualquiera, sin aviso, o sea, invisible,
insensible para las alarmas de cuanto sistema
hemos elaborado "adentro" para prevenirnos
de todo, irrumpe "eso". Quizá prefirió la noche para volver aún más intenso el quiebre y
más retumbante su entrada. El afuera también conoce, quizá muy bien, de la emoción y
de los cuerpos. Un aspecto o sector del paisaje demostró que siempre "algo" permanece allá afuera, y que, al parecer, ninguna de
las obras que hacen nuestro adentro, son obs-
táculo o muro suficiente para contenerlo [..]
Henos aquí devueltos al viaje y a la distancia,
y en el afuera del cosmos. O sea, en eso que los
antiguos griegos llamaron caos, que no es la
traducción moderna de "desorden", sino, al parecer, el modo de las cosas cuando lo humano
no siente necesidad de constituirse algún centro del mundo.

Los personajes de Kleist, determinados por sus pasiones y por el repudio social, se ven expuestos al afuera por obra del terremoto, lanzados al caos, confrontados con "el modo de las cosas", como escribe Viveros. Buscan una lógica en los acontecimientos y son vencidos por su subjetividad. El terremoto descentra a quien lo padece y sustituye la lógica por la experiencia pura.

A partir de su crisis kantiana, Kleist concibió su relato sobre la dificultad de acceder a la verdad y las reacciones sin brújula, a un tiempo sensatas y falaces, que suscita un cataclismo. Cuando la tierra se abre toda reflexión parece baladí, y sin embargo, el testigo tiene ideas, resplandores que surgen *contra natura*.

En el Chile imaginario de 1647 y en el auténtico de 2010 se produjeron réplicas internas. Como Jerónimo y Josefina pasamos por el castigo, la zozobra, la salvación, la culpa, la dicha, la esperanza, la generosidad, la penitencia, la solidaridad, el repudio, la mezquindad. Como ellos, ignoramos si estas categorías pueden tener un orden o un sentido de la consecuencia.

Kleist se puso a salvo de esta incertidumbre cuatro años después de vivir en Königsberg. Convertido en uno de los mayores autores de su tiempo, decidió unir su suerte con la de su amada, Henriette Vogel.

Caso límite del romanticismo alemán, émulo de su admirado Werther (personaje al que su creador, Goethe, llegó a odiar por la misma causa), Kleist decidió morir de amor. Henriette estaba enferma de cáncer en la matriz y padecía terribles dolores. Su marido la cuidaba pero ella deseaba un sacrificio integral, con un alma gemela. El poeta llegó al "rescate". Enemigo del azar, tomó el destino en sus manos.

El 21 de noviembre de 1811, Henriette y Kleist se hospedaron en la posada Stimming, de Potsdam, cerca del lago que separa a esa ciudad de Berlín. Pidieron café y escribieron numerosas cartas. Ambos tenían treinta y cuatro años. Eran personas apuestas, de esmerada educación, que se trataban con insólito cariño. Ni el posadero ni su esposa sospecharon lo que tramaban. Si acaso, les llamó la atención que un día bebieran tres botellas de vino y algo de ron.

El 22 de noviembre, después de dar buenas propinas, la pareja se encaminó hacia el bosque. Se oyeron unos disparos y los lugareños pensaron que habían ido de cacería. Lo que ocurrió fue silenciado durante mucho tiempo. La última escena de Heinrich von Kleist: un adulterio, un asesinato y un suicidio. El escritor cumplió el deseo de su amada de dispararle en el corazón; luego se voló la tapa de los sesos.

Un día antes, segura de lo que iba a hacer, ella le había escrito a su mejor amigo: "Nos encontramos aquí, en el camino a Potsdam, en la hostería Stimming, en una situación dolorosa y precaria: en efecto, yacemos muertos ambos, cada uno de resultas de un disparo de pistola, y confiamos en la bondad de un amigo generoso que tenga a bien dar sepultura a nuestros frágiles restos... Trata de venir aquí, si puedes, querido Peguilhen, esta misma noche".

¡Qué extraño escribir con un día de anticipación: "yacemos muertos..."! El pacto se había sellado de modo inquebrantable. Peguilhen y el marido de Henriette encontraron los cuerpos y dispusieron que fueran enterrados uno al lado del otro, pero sólo el del poeta mereció una lápida escrita.

Peguilhen publicó una nota en el periódico donde hablaba del amor más allá de la muerte que se tenían los amantes y de la necesidad de ver el caso como uno de los enigmas de la química. Su actitud fue severamente reprendida por el rey.

Mucho se ha hablado de la hipocondría de Kleist, su excesiva sensibilidad y su tendencia a la meditación religiosa. El mayor enigma de su muerte parece ser otro: todo indica que murió contento. Estaba en la flor de la edad y su obra, ya portentosa, apuntaba a logros superiores. Sin embargo, aceptó con gusto el camino de la oscuridad.

Si, como advierte Albert Camus, no hay desafío filosófico mayor que el suicidio, el de Kleist no dejará de desvelar a sus lectores. Enamorado de Henriette, decidió correr su suerte hasta las últimas consecuencias. El mayor desconcierto que suscita esta pérdida es que el protagonista la entiende como una ganancia. Ese derroche sin recompensa parece haber sido su momento más feliz. No muere por deseo de compensación o reparación: excede la vida con la muerte.

En *Sobre el teatro de marionetas* escribió: "El paraíso está cerrado y el ángel se encuentra detrás de nosotros; hemos de hacer el viaje alrededor del mundo y ver si quizá por detrás está abierto en algún lugar [...] y así, cuando el conocimiento haya pasado a través de la infinitud, posiblemente se encuentre de nuevo la gracia". Tal vez en su gesto final, Kleist buscó la puerta trasera del mundo, vedada por otra vía. En ese mismo ensayo se pregunta si morder de nuevo el árbol del conocimiento puede llevar de regreso a la inocencia. La naturaleza une al hombre consigo mismo, pero el arte tiende a separarlo. La libertad de juicio, que confunde y desgobierna, es nuestro más fiable instrumento. *El terremoto en Chile* pone en escena variadas disyuntivas que los protagonistas malentienden y acaban por condenarlos. Por el contario, en el impulso de Kleist no hubo lugar a dudas.

En ocasiones, quienes sobreviven a una situación de exterminio sienten culpa de seguir vivos y buscan aniquilarse por otros medios. Primo Levi salió ileso de Auschwitz, pero no superó haber escapado a la suerte de los suyos y más de cuarenta años después eligió su propia muerte en la seguridad de Turín. En otras ocasiones, los riesgos que asume un sobreviviente se asemejan a la omnipotencia de quien se juzga invencible.

Kleist estuvo en campañas militares, conoció la cárcel y cayó enfermo de gravedad. Su intensa vida breve le otorgó oportunidades de morir. Acaso vio en esas circunstancias una falta de determinación del destino y confirmó que sólo es dueño de sí mismo quien ejerce su voluntad contra la mudable fortuna. Lo cierto es que su muerte ofreció una violenta caja de resonancia a su obra.

De modo imaginario, aunque no menos certero para alguien convencido de que toda realidad es subjetiva, Kleist sobrevivió al desastre que imaginó en Chile.

Misterio de la voluntad: el hombre que escribió la historia de dos amantes que desean salvarse con desesperación y así se condenan, se aniquiló por amor a Henriette.

El ensayista polaco Jan Kott ha reflexionado sobre la tentación de convertir la vida en arte gracias a un final poético: "Hay biografías que no sólo pertenecen a la historia de la literatura sino que ellas mismas son literatura, es decir, versiones poéticas de destinos humanos. Casi siempre se trata de biografías de poetas que abandonan la literatura como Rimbaud, caen en la locura como Hölderlin o acaban en el suicidio como Kleist y

Sylvia Plath. En dichas biografías la experiencia existencial se encuentra delimitada: señala la frontera donde termina la literatura y comienza la zona del silencio". En la determinación de Kleist también figuraba el romántico ideal de fundir la vida con la estética: una bala como punto final.

Cuando Kleist disparó bajo la bruma de Potsdam, su legado ya pertenecía al orden clásico. En cambio, el pensamiento de Henriette Vogel sólo se conoció después del pacto suicida. Sus cartas son el elíxir que transfiguró a un poeta. Pocas semanas antes de morir, envió a su doble espiritual el *aleph* de su mundo amoroso:

> Mi Heinrich, mi dulce música, mi arriate de jacintos, mi aurora y mi crepúsculo, mi océano de delicias, mi arpa eólica, mi rocío, mi arco iris, mi niñito en las rodillas, mi corazón bien amado, mi alegría en el sufrimiento, mi renacimiento, mi libertad, mi esclavitud, mi aquelarre, mi cáliz de oro, mi atmósfera, mi calor, mi pensamiento, mi más allá y mi más acá deseados, mi adorado pecador, consuelo de mis ojos, mi más dulce preocupación, mi más bella virtud, mi orgullo, mi protector, mi conciencia, mi

bosque, mi esplendor, mi espada y mi casco, mi generosidad, mi mano derecha, mi escala celestial, mi san Juan, mi caballero, mi dulce paje, mi poeta puro, mi cristal, mi fuente de vida, mi sauce llorón, mi amo y señor, mi esperanza y mi firme propósito, mi constelación amada, mi pequeño cariñoso, mi firme fortaleza, mi dicha, mi muerte, mi fuego fatuo, mi soledad, mi hermoso navío, mi valle, mi recompensa, mi Werther, mi Leteo, mi cuna, mi incienso y mi mirra, mi voz, mi juez, mi dulce soñador, mi nostalgia, mi alma, mi espejo de oro, mi rubí, mi flauta de Pan, mi corona de espinas, mis mil portentos, mi maestro y mi alumno, te amo por encima de todo lo que hay en mi pensamiento. Mi alma es tuya.

Henriette

P.S. Mi sobra al mediodía, mi fuente en el desierto, mi madre amada, mi religión, mi música interior, mi pobre Heinrich enfermo, mi cordero pascual, suave y blanco, mi puerta del cielo.

Las seducciones religiosas y amorosas, y la tensión entre conocimiento y destino que determinan *El terremoto en Chile*, están presentes en esta carta, exaltada invitación a fundir dos vidas en una sola muerte. Si Hopkins recurre a la aquiescencia cristiana para aceptar que a fin de cuentas la muerte abre un puerto celestial, Henriette y Kleist deciden forzar la entrada al Paraíso, la "puerta celestial" cuya existencia conocen sin saber si hay algo más tras ese umbral. La monumental incertidumbre de la recompensa engrandece el gesto y es su principal estímulo.

"La muerte del otro", escribe Jacques Derrida, "no únicamente pero sí principalmente si se le ama, no anuncia una ausencia, una desaparición, el final de tal o cual vida, es decir, de la posibilidad que tiene un mundo (siempre único) de aparecer a tal vivo. La muerte proclama cada vez el final del mundo en su totalidad, el final de todo mundo posible, y cada vez el final del mundo como totalidad única, por lo tanto irremplazable y por lo tanto infinita".

El mundo se acabó en St. Jago en 1647. Se acabó en Potsdam en 1811. Se acabó en Santiago en 2010.

Quienes no hemos elegido una bala como la del poeta Kleist, enfrentamos la principal lección de la supervivencia: "falta un día menos" para que el mundo se vuelva a terminar.

ALGUNAS
CONCLUSIONES

LOS HABITANTES DE CLAUSTRÓPOLIS

Los cataclismos ya no son como antes. Las desgracias afectan de nueva manera el entorno en el que vivimos. Sin embargo, hemos reflexionado poco al respecto. Un problema nos impide ir de compras; cuando al fin podemos ir ahí, consumimos con voracidad compensatoria, sin pensar que tal vez de ese modo contribuimos a un drama posterior. El automatismo con que encendemos focos, cargamos pagos a la tarjeta de crédito, reservamos un vuelo del que no estamos convencidos, contestamos mensajes de texto sin reparar mucho en el contenido, de pronto se topa con un límite. Algo estalla y obliga a detenernos.

La crisis de la influenza en 2009; los terremotos de Haití, Chile y China, y la erupción del volcán de Islandia en 2010, mostraron que el planeta duerme sin tomar en cuenta las aventuras de la naturaleza.

Paul Virilio, "filósofo de la velocidad", ha propuesto la creación de un Museo del Accidente. No se trata de una atracción para morbosos, sino de un sitio para estudiar la repercusión del desastre en las nuevas condiciones de vida.

"Cada tecnología inventa su accidente", ha dicho el autor de *El crepúsculo de los lugares*. La prevención automática en los artefactos, ajena a los designios del usuario, protege de daños mayores, pero también industrializa los accidentes. Los sistemas de control artificial que fracasan para remediar una falla incrementan los impactos negativos.

La era postindustrial está sujeta a la incertidumbre de las máquinas y a una menospreciada influencia externa: el aire se calienta, las mareas suben, el hielo se derrite. El clima, que determinó las pinturas rupestres y el arte de la conversación en Inglaterra, tiene consecuencias específicas para una sociedad obsesionada por el desplazamiento y los aparatos.

Los virus, los terremotos y las cenizas volcánicas no son desgracias locales. Su dimensión trágica también tiene que ver con la fractura de un orden global. Cuando la interrelación que damos por supuesta fracasa, lo que se anula es inconmensurable: el vuelo se cancela, la pantalla se apaga, un país se aísla, el celular no tiene cobertura.

Walter Benjamin se refirió al progreso como un vendaval que todo lo arrasa. En ese avance incontenible, la posibilidad de error no se calcula y sólo se lamenta cuando la Tierra alza la voz.

Los edificios de doscientos pisos crearon riesgos novedosos. Después del atentado a las Torres Gemelas de Nueva York se replanteó la conveniencia de la verticalidad arquitectónica. ¿Hemos aquilatado los desafíos de cambiar de escala? Para Virilio, la tecnociencia es un dopaje: acelera el rendimiento sin calcular los efectos secundarios.

La globalización ha traído una sensación de finitud. El planeta se ha articulado y los mapas se han vuelto progresivamente interiores. Google Earth permite trasladarnos a Australia y ubicar una ferretería en Bombay. ¡Bienvenidos a Claustrópolis, el gueto colectivo! Todo está unido o parece estarlo.

Por lo general, esta articulación se considera un beneficio. Se repara poco en la nueva ecología de las amenazas y los sustos. El efecto "mariposa" o "dominó" de los desastres sólo se discute cuando algo sale mal. Y sin embargo, cada "falla de origen", para usar un término caro a la televisión, tiene un impacto remoto. Lo que antes era una catástrofe limitada se trasforma en un fenómeno incalculable. Acaso esto sea lo más revelador de los nuevos problemas: somos incapaces de asignarles una dimensión y un tamaño.

¿Cuál es la verdadera magnitud de lo que ocurre? En la era de la información carecemos de medida. Un desastre natural es el prólogo de otra historia, completamente incierta. Imposible saber cuántas cosas dejarán de funcionar.

Las prótesis tecnológicas pertenecen a nuestra segunda naturaleza. ¿Es esto tranquilizador? De nuevo Virilio: "Los aparatos dejan de ser inteligibles cuando su uso se vuelve necesario", es decir, cuando los damos por sentados. No podemos prescindir de ellos, pero ellos ya prescindieron de nosotros. Cada aparato de última generación parece llegar al mercado para superar un modelo anterior. Rara vez el usuario considera que esto responde a necesidades preexistentes. El nuevo artilugio cumple con el designio de su estirpe; se supera a sí mismo; su mejoría sigue una ruta autónoma (casi se antoja escribir "personal") que el comprador confunde con sus propias necesidades.

La tecnología borra las alternativas anteriores para hacer lo mismo. Quienes estuvimos en Chile durante el terremoto salimos de ahí en vuelos "inexistentes". No había computadoras y no hubo forma de crear un registro alterno. Quienes se quedaron varados en Europa por las cenizas del volcán no pudieron salir por mar porque esas rutas se han cancelado. El cataclismo ocurre en un escenario inédito; afecta una tecnología sin vocación de error, ajena al concepto de accidente. ¿Necesitamos un temor preventivo ante los inventos, similar al que provocan las placas tectónicas?

Los protagonistas de *Viaje al centro de la Tierra*, de Julio Verne, van a Islandia a sumirse en un volcán. El profesor Lidenbrock y su sobrino Axel toman "lecciones de abismo" para soportar el descenso por las cavidades del impronunciable monte Snæfellsjökull.

En 2010, bajo el indiferente cielo de abril, otro volcán de Islandia puso a prueba la calma y la dicción. El Eyjafjallajökull recordó que el vulcanismo está en plena forma.

No hay nada raro en ello; lo raro es que no concibamos su impacto en la excesiva urgencia de desplazarnos ni en la "vida en red" que construimos como una fuga hacia delante. ¿Es necesario que cada año veinte millones de personas visiten un país? ¿Es un consuelo saber que tu maleta se perdió con otras diez mil?

De acuerdo con el antropólogo Robin Durban, los primates se relacionan con un número de congéneres proporcional al tamaño de su cerebro. Sus investigaciones, hechas en los despaciosos años noventa, informan que el *homo sapiens* puede mantener relaciones emocionales con unas ciento cincuenta personas. Más allá de ese límite (ya excesivo para los tímidos, los misántropos o los muy ocupados), el trato tiende a disolverse. Y sin embargo, las redes sociales de Facebook permiten tener tres mil "amigos" o más. Los SMS, los *tweets* y los *chats* articulan una tribu desbordada, superior a cualquier cálculo antropológico. ¿El cerebro ha cambiado lo suficiente para vincularse con esa galaxia de direcciones electrónicas que tal vez sean personas?

Aunque los cataclismos del presente son globales, la respuesta no ha consistido en revisar la evolución histórica de los accidentes ni su impacto en las costumbres contemporáneas. Las autoridades de la aviación europea solicitaron más rutas aéreas para enfrentar otra crisis como la de abril de 2010. Es obvio que así multiplican los efectos potenciales de un colapso futuro, pero la época se ha sometido a un automatismo de la innovación y juzga terrible volver a la carreta.

La lección del volcán islandés y la del terremoto en Chile: el vértigo ha dejado de estar en las profundidades. Hay que tomar lecciones de abismo para habitar la superficie de la Tierra.

EPÍLOGO

UN REGALO

Al día siguiente de mi llegada a México, recibí una bolsa de editorial SM. Contenía libros y un paquete envuelto en papel rojo.

La editora Laura Lecuona se había convertido en Santiago en una amiga imprescindible. Cuando nos encontramos de madrugada en la acera mojada y llena de vidrios, la vi sortear los escombros con sus pies descalzos. Su rostro tenía la palidez de quien ha perdido el pulso de la sangre. Curiosamente, su piyama de rayas azules y blancas no reforzaba la imagen de fragilidad. De un modo secreto, la contrarrestaba. Nada podía pasarle a esa niña valiente, dispuesta a viajar al reino donde los héroes usan polvos de hada para volar en piyama.

Durante días hablé de mi envidiosa perplejidad ante las muchas piyamas que veía, como un misterio repentinamente revelado. Recordé la época lejana en que también yo usaba esa prenda y los pasos de mi padre por la casa, la noche en que tembló, y yo pensé que todo se movía gracias a su fortaleza protectora. Me había apartado del mundo de los que duermen con ropa reglamentaria y acaso esperan algo adicional al dormir, la quimérica posibilidad de madurar hacia la infancia o de encontrar en el sueño el sentido de la protección que sólo encuentran los niños.

Horas después del terremoto, las líneas telefónicas se colapsaron. Caminé por Santiago hasta dar con un cibercafé donde la comunicación aún era posible. Hablé con mi hija y le dije que todo estaba bien. Me preguntó por Pancho Hinojosa, a quien admira mucho. "¿Están escribiendo cuentos?", quiso saber. A sus diez años la normalidad significa eso: escribir cuentos. Le dije que sí, y me propuse escribir algo para justificar la respuesta.

Los elevadores seguían sin funcionar. Dos o tres veces al día, subía por la escalera al cuarto 715, recordando que Stieg Larsson se había infartado por tener que subir a un séptimo piso.

Para despejar el maleficio repetía "Stieg Larsson, Stieg Larsson", como un mantra que me acompañaba escalón por escalón y trataba de pensar en otra cosa; por ejemplo, en un cuento para mi hija. De tanto subir y bajar escaleras concebí "La gota gorda", historia de un gigante preocupado por no poder proteger a su hija diminuta. Así trataba de aliviar mi impotencia por estar lejos. Al mismo tiempo señalaba que la vida seguía como siempre.

Las angustias del terremoto sirvieron para romper el cascarón de un cuento. La gramática de la fantasía volvía a mostrar sus mecanismos: las recompensas vienen de superar el miedo. Las galletas más sabrosas son las que temías comer.

Al terminar el cuento me pregunté si el gigante usaba piyama. Por primera vez me interesaba ese aspecto en un personaje. Decidí que esa prenda descomunal formaba parte de su vida privada y no pensé más en el asunto.

Ya en México, la tierra siguió sin ser firme, sobre todo de noche. No había evidencia física para lo que, sin embargo, era una sensación certera: algo se movía.

Aunque los terremotos pueden ocurrir a cualquier hora del día, ha querido la casualidad que los más importantes de mi vida hayan sucedido mientras duermo. El miedo se ha revestido de la irrealidad del sueño. La sacudida terrestre se ha presentado como una oportunidad de cobrar conciencia sin despertar del todo, un momento intensificado por el riesgo en el que no existe la lucidez de la vigilia. Los detalles se graban con una intensidad desconocida en otras horas, pero resulta difícil comprenderlos. Un muro que se agrieta se transforma en algo incomprensible. De golpe, no entendemos la materia.

El 19 de septiembre de 1985 desperté con la campana que en mi casa servía de timbre. Se movía sola a causa del temblor. El suelo se sacudió durante un tiempo que me pareció excesivo; sin embargo, aún no asociaba la Tierra con el espanto. Reaccioné con relativa calma, como lo hice años antes, ante el sismo que derribó la Universidad Iberoamericana. No podía saber lo que ocurría en otras partes de la ciudad. Yo me encontraba en una plata baja, en la punta sur del D.F., lejos de la zona sísmica. Para nosotros, el único saldo del temblor fue que nos quedamos sin luz, algo tristemente común.

Compartía casa con José Enrique Fernández, amigo que por ese tiempo trabajaba en una compañía de discos. Él se despidió para ir a su oficina. Por un impulso, le dije que saliéramos a oír las noticias en su coche. Así nos enteramos de que la ciudad estaba devastada. El edificio donde José Enrique trabajaba se había venido abajo.

En las jornadas de rescate que siguieron al terremoto, el horror multiplicó sus daños. Con todo, lo más preocupante era la incertidumbre, lo que no sabíamos, la tragedia pospuesta, el desastre adicional que llegaría con el tiempo. Poco a poco nos enteraríamos de amigos y conocidos muertos durante el sismo.

Las pérdidas se extendieron a los documentos. Quise cobrar el pago por un guión que había escrito para la Secretaría de Relaciones Exteriores y fui a la sucursal bancaria correspondiente, en el barrio de Tlatelolco. El edificio se había desplomado. Numerosos lugares en los que había estado corrieron la misma suerte. ¿De cuántos techos nos salvamos? ¿Cuántos muros nos ahorraron su caída?

Hacia fin de año solicité una copia de mi acta de nacimiento y supe que una parte del Registro Civil había sufrido severos daños. Me expidieron un documento escrito a mano que hasta la fecha provoca desconfianza. Como la lista de pasajeros para el vuelo que nos regresó de Chile (hecha de prisa en un cuaderno), el acta que prueba mi existencia genera el recelo de la letra manuscrita, poco oficial en tiempos de aparatos. El terremoto de 1985 nos convirtió en ciudadanos no oficiales.

La resistencia improvisada que recuperó el rostro de una ciudad anónima, creó en forma espontánea un movimiento sin horizonte preciso, pero indudablemente crítico: el "partido del temblor", una red de gestos solidarios que poco después encontraría expresión política. Su primera manifestación multitudinaria ocurrió en el Estadio Azteca, durante la inauguración del Mundial de 1986. El presidente Miguel de la Madrid tardó en aceptar ayuda internacional para no debilitar la "imagen de México" y fue rebasado por las iniciativas ciudadanas. En el comienzo del Mundial recibió un abucheo sin precedentes. Fue el primer signo de que la mayoría de los habitantes del D.F. no iba a soportar más gobiernos del PRI.

El saldo decisivo del temblor fue el siguiente: nuestro respeto por la Tierra creció hasta el espanto. Era imposible pensar que la casa se mecía por los pasos de mi padre. Los misterios de nocturnidad marcaban ahora un delgado filtro entre la vida y la muerte.

Como la mujer que volvió dormida a Chile, regresé a México sin ajustarme a la realidad. Llegábamos al país pero no a nosotros mismos. Las noches citaban estos versos de Neruda:

> venid a mí, a mi sueño sin medida,
> caed en mi alcoba en que la noche cae
> y cae sin cesar como agua rota

La idea del sueño como algo que cae –la manera que el agua tiene de romperse–, sólo puede venir de quien sabe que la Tierra tiembla.

"No puedo escribir de nada", me dijo Francisco Hinojosa un mes después de nuestra vuelta. "Yo sólo puedo escribir del terremoto", le contesté entonces. No decir y decir una sola cosa eran reacciones paralelas. Hacía treinta años, Pancho y yo habíamos vivido juntos. Ahora habíamos sobrevivido juntos. ¿Cómo aquilatar los días por venir, destinados a ser un "tiempo extra"?

El terremoto en Chile activó otro, el que destruyó mi ciudad, y que he evocado en la escritura de varios modos, todos ellos indirectos, tal vez por pudor ante un sufrimiento demasiado próximo, tal vez por superstición de no tentar la desgracia (esa aniquilación marcó un límite, un borde definitivo, algo que no debe traspasarse, la línea amarilla en el lugar del crimen, la zona adonde no llegan las palabras).

La escritura elige sus distancias. El dolor cercano se vive mejor en el llanto que en la página. Tuve que ir al fin del mundo para encontrar otra "primera ocasión": hablar de la Tierra que se abre.

Regresé a México con ilusiones de normalidad: publicar un cuento para niños y dormir como antes. Durante días, los sobrevivientes de Santiago nos llamábamos para hablar de somníferos y desórdenes del sueño. ¿Sería posible reconquistar lo habitual?

Pero también en la costumbre hay sorpresas. El viernes 5 de marzo, Laura Lecuona me envió una bolsa de gran tamaño que contenía libros de la editorial SM. También me envió un paquete envuelto en papel rojo. Lo palpé y sentí algo suave.

El que sobrevive pasa trabajos para dormir, pero no para soñar. Supe lo que me había regalado Laura.

En efecto: una piyama.

Santiago de Chile, 3 de marzo de 2010-
Ciudad de México, 4 de mayo de 2010

ÍNDICE

En sus novelas, cuentos, ensayos, crónicas y libros
para niños, **Juan Villoro** (Ciudad de México, 1956)
ha desarrollado una prosa inconfundible, que ha
merecido algunos de los premios más importantes
de España y México, como el Xavier Villaurrutia,
el Mazatlán, el Jorge Herralde y el Vázquez
Montalbán y, en 2010, el Premio Internacional de
Periodismo Rey de España. En su obra destacan
las novelas *El disparo de argón, Materia dispuesta,
El testigo* y *Llamadas de Ámsterdam;* crónicas
como *Palmeras de la brisa rápida, Los once de la
tribu, Safari accidental* y *Dios es redondo.* No menos
memorables son sus libros de ensayos *Efectos
personales* y *De eso se trata,* el libro de cuentos *Los
culpables* y libros infantiles como *El Profesor Zíper y
la fabulosa guitarra eléctrica.*

Títulos en Crónica

Títulos en Narrativa

VENENOS DE DIOS, REMEDIOS DEL DIABLO
Mia Couto

TRAS LAS HUELLAS DE MI OLVIDO
Bibiana Camacho

LA FIEBRE
EL DÍA QUE BEAUMONT CONOCIÓ A SU DOLOR
J. M. G. Le Clézio

BAJO LA PIEL DE CHANNEL
Danilo Moreno

UNA AUTOBIOGRAFÍA SOTERRADA
ÍCARO
Sergio Pitol

LARGUEZA DEL CUENTO CORTO CHINO
José Vicente Anaya

PÁJAROS EN LA BOCA
Samanta Schweblin

LOS CULPABLES
LLAMADAS DE ÁMSTERDAM
PALMERAS DE LA BRISA RÁPIDA
Juan Villoro

LOS ESCLAVOS
Alberto Chimal

¿TE VERÉ EN EL DESAYUNO?
Guillermo Fadanelli

POESÍA ERAS TÚ
Francisco Hinojosa

Títulos en Poesía

POBLACIÓN DE LA MÁSCARA
LA ISLA DE LAS BREVES AUSENCIAS
Francisco Hernández
Premio Mazatlán 2010
Mención honorífica. Bienal Nacional de Diseño del INBA 2009

A PIE
Luigi Amara

MUERTE EN LA RÚA AUGUSTA
Tedi López Mills
Premio Xavier Villaurrutia 2009

ESCENAS SAGRADAS DEL ORIENTE
José Eugenio Sánchez
Premio Internacional de Poesía Fundación Loewe
a la joven creación 1997

PITECÁNTROPO
Julio Trujillo

ÚLTIMA FUNCIÓN
Marcelo Uribe

8.8: EL MIEDO EN EL ESPEJO

de Juan Villoro
se terminó de
imprimir
y encuadernar
el 17 de noviembre de 2015,
en los talleres
de Litográfica Ingramex,
Centeno 162-1,
Colonia Granjas Esmeralda,
Delegación Iztapalapa,
México, D.F.

Para su composición tipográfica se emplearon las familias Bell Centennial
y Steelfish de 11:14, 37:37 y 30:30.
El diseño es de Alejandro Magallanes.
El cuidado de la edición estuvo a cargo de Karina Simpson.
La impresión de los interiores se realizó sobre papel Cultural de 75 gramos.